Ulrich Giesekus
Glaub dich nicht krank

Ulrich Giesekus

Glaub dich nicht krank

Befreites Christsein leben

Mit Illustrationen von
Jan-Philipp Buchheister

RB*taschenbuch Bd. 618*

6. Taschenbuchauflage 2008

© 2000 R. Brockhaus Verlag im SCM-Verlag GmbH & Co. KG, Witten
Umschlag: Sabine Thürnau, Hamburg
Gesamtherstellung: CPI – Ebner & Spiegel, Ulm
ISBN 978-3-417-20618-0
Bestell-Nr. 220. 618

INHALT

Teil I: Gesund sein an Leib, Seele und Geist 9

1. Christen haben's besser – oder doch nicht? 10

Am Anfang legt der Autor die Karten auf den Tisch und beschreibt, aus welcher Perspektive dieses Buch geschrieben ist und wo er selber steht. Denn darauf haben die Leser ja ein Recht, oder?

2. Menschenbilder - Wie wir uns und andere sehen 19

Die Grundlage jeder Seelsorge – auch der Seelsorge an der eigenen Person – ist ihr Menschenverständnis. In diesem Kapitel geht es daher darum, ein ganzheitliches Menschenbild zu beschreiben, wie es die Bibel zeigt. Leib, Seele, Geist: Woher kommen Störungen? Wie kann man sie verhindern? Ein Fazit: Die Störungen, unter denen Christen oft leiden, liegen nicht am Glauben, sondern an menschlichen Normen in der christlichen Gemeinschaft.

3. Ganzheitlich fit sein heißt: mit allen Aspekten gut umgehen .. 31

Manche behandeln ihren Körper wie einen unliebsamen Gegenstand, der mehr stört als hilft. Andere vernachlässigen ihre Psyche und trauen sich ständig mehr Stress zu, als sie ertragen sollten. Und dritte wiederum pflegen ihre Beziehung zu Gott so gut wie gar nicht (obwohl sie möglicherweise vor lauter frommen Aktivitäten rotieren). Und manche vernachlässigen gleich alle drei Aspekte – und wundern sich dann, wenn der Glaube fad wird, die Seele müde und der Körper krank ... Fazit: Wohlbefinden braucht Pflege: körperlich, psychisch, geistlich.

Teil II: Krank machende Normen 49

*4. Die Zensur der eigenen Erfahrung – oder: Wenn Gefühle
   nicht sein dürfen* 50

Emotionen werden leider vielerorts als »gut« oder »schlecht«, wenn nicht sogar als »geistlich« oder »ungeistlich« verstanden. Das kann krank machen. Dieses Kapitel behauptet: Es gibt keine guten und schlechten Gefühle, auch keine guten und bösen. Gefühle sind Gefühle.

*5. Immer mehr Leute tun immer weniger und immer weniger
   Leute tun immer mehr* 56

Ein ausgewogenes Verhältnis von Dienst und Genuss, von Arbeit und Entspannung droht vielen christlichen Gemeinschaften abhanden zu kommen. Die Gemeinde teilt sich dann immer mehr auf in die, die sich kümmern (und erschöpft bis zum Umfallen weiterkämpfen), und in die, die von ihnen bekümmert werden (und deswegen oft bekümmert sind). Wer nicht Pause machen kann, wird krank. Wer nicht arbeiten darf, ebenso.

6. Eigeninitiative kontra Gottvertrauen? 62

Manche Christen sind entscheidungsschwach und denkfaul und haben diese sehr menschlichen Fehler als Gottvertrauen deklariert. Andere meinen, sie müssten immer alles selber machen und haben das Hören auf Gott (und andere) verlernt. Auf Gott zu hören und dabei eigene Wege zu gehen ist kein Widerspruch – weil Gott unsere Wege mit uns gehen möchte. Führung und Freiheit: beides gehört zum Glauben.

7. Die Welt ist schlecht 73

Alles Weltliche mit dem Bösen gleichzusetzen führt in eine Ablehnung der Schöpfung, die Gott uns zur Verfügung stellt. Insbesondere im Bereich der psychologischen Erkenntnisse und Hilfestellungen führt ein übergroßes Misstrauen gegenüber allem Weltlichen oft dazu, dass von Gott geschaffene Hilfsmöglichkeiten (z.B. zur Stressbewältigung) nicht wahrgenommen werden.

8. Christsein in der Spannung zwischen Eigenverantwortung und Abhängigkeit 82

Während der gesellschaftliche Trend vielleicht sogar zu einer Überbetonung der Mündigkeit geht, besteht in manchen christlichen Kreisen ein Autoritätsverständnis, in dem bestehende Machtstrukturen (z.B. zwischen Eltern und ihren erwachsenen Kindern, zwischen Gemeindeleitern und Gemeindegliedern) »geistlich« begründet werden. Als Ergebnis entstehen Gemeinden, in denen nicht gegenseitige Ehrerbietung und Abhängigkeit von Gott im Vordergrund stehen, sondern Führer und Geführte.

Teil III: Gesunder Glaube im Alltag 89

9. Gottes Ordnungen dienen dem Leben 92

Viele Christen erleben, dass ein Leben »nach der Gebrauchsanweisung des Herstellers« einfach besser funktioniert. Gelebte Ethik und moralische Überzeugungen machen uns nicht zu besseren Menschen, sie sind auch nicht zum Wohle Gottes da, sondern sie dienen uns selber. Ein zwanghafter, gesetzlicher Glaube ist »fehlerorientiert« – ein evangeliumsgemäßes Nachfolgeverständnis ist ziel- und beziehungsorientiert: Es gründet sich in der Beziehung zu Gott und hat das Leben zum Ziel.

10. Lebenssinn durch Dienen und Hingabe 100

Diese sehr unmodernen Worte beschreiben, was in der modernen Psychologie »Sinnfindung« genannt wird. Wer einen Christus-zentrierten Glauben lebt, dreht sich nicht um sich selber, sondern entwickelt einen Blick für andere. Gesunde Selbstverwirklichung beinhaltet, eigene Bedürfnisse wie die der anderen wahrzunehmen, d,h, geben und nehmen zu können.

11. Christsein heißt: in Gemeinschaft leben 105

Wer Christus nachfolgt, tut das nicht alleine, sondern innerhalb einer großen weltweiten Familie. Hier gilt zwar, was auch für andere Familien gilt (dass man sie sich nämlich im Gegensatz zu Freunden nicht aussuchen kann), aber gerade darin liegen große Möglichkeiten: christliche Gemeinschaft als Geborgenheits- und Frustrationsrahmen für ganzheitliche Persönlichkeitsentwicklung.

12. Schuld und Vergebung – Klärung in der Beziehung zu Gott und zum Nächsten 112

Es ist paradox: Während in der Praxis der christlichen Seelsorge die Bedeutung des Beichtgespräches immer mehr abnimmt (in vielen Gemeinschaften kommt es gar nicht vor), entdecken weltliche Psychotherapeuten die Bedeutung des Verzeihens. Glaube leben heißt: aus der Vergebung leben – und vergeben lernen.

13. Die Hoffnung auf den Himmel – nicht nur für Kinder 118

Der Glaube an das ewige Leben, an eine zukünftige Welt, gibt eine Sicht, die das Leid in eine andere Perspektive stellt. Wenn das letzte Wort über meinem Leben bereits vor 2000 Jahren am Kreuz Christi gesprochen wurde – und es »ja« heißt –, sind alle anderen Fragen nur noch vorletzte Fragen. Das macht das Leid nicht geringer, aber leichter zu ertragen.

Teil I

Gesund sein an Leib, Seele und Geist

Am Anfang legt der Autor die »Karten auf den Tisch« und beschreibt, aus welcher Perspektive dieses Buch geschrieben ist und wo er selber steht. Denn darauf haben die Leser ja ein Recht, oder? Also:

Kapitel 1

Christen haben's besser – oder doch nicht?

Wenn ich als kontaktfreudiger Mensch beim Zugfahren oder ähnlichen Gelegenheiten mit anderen Menschen ins Gespräch komme, entwickelt sich eine Unterhaltung, die typischerweise so abläuft: Der andere fragt irgendwann: »Ja, und was machen Sie so – ich meine, beruflich?« »Ich bin in der Erwachsenenbildung tätig.« »Ach, wie interessant! Ja, und was für Erwachsene bilden Sie da so aus?« »Ehren- und hauptamtliche Seelsorger, die im Rahmen ihrer Kirche Gespräche führen oder Kranke besuchen usw.« »Dann sind Sie Pfarrer oder so was?« »Nein, ich bin Psychologe.« »Ach, dann muss ich aber aufpassen, was ich bei Ihnen so sage.« Gesprächsende. Manchmal denke ich, dass ich mich besser so vorstellen sollte: »Entschuldigen Sie, ich bin Psychologe, aber das macht nichts, ich bin völlig normal!«

Ich kann es mir gut vorstellen – die Leser reagieren ähnlich und werden skeptisch. Sie halten ein Buch in der Hand – »Glaub dich nicht krank!« – und das von so einem Psycho-Typen ... Wird der uns wieder mal deutlich machen, dass die ganze Welt verdreht ist, dass alle eine Macke haben (ausgenommen er selber ...) und uns dann sagen, wir bräuchten Therapie?

Christen sind psychisch und körperlich gesünder als der Durchschnitt der Bevölkerung.

Nein, das wird er nicht. Im Gegenteil: Als Psychologe, therapeutischer Seelsorger und als Christ freue ich mich sehr, zuerst einmal feststellen zu können: Christen sind psychisch und körperlich gesünder als der Durchschnitt der Bevölkerung. Menschen, die an einen gütigen Gott glauben, sind besser dran bei der Bewältigung von Lebenskrisen und Stresssituationen. Sie werden seltener psychisch krank und sind auch für psychosomatische Krankheiten weniger anfällig. Wenn sie dann doch krank werden, haben sie mehr Vertrauen in einen Heilungsprozess und werden dadurch auch schneller gesund. Sie sind insgesamt weniger ängstlich und depressiv, sie haben mehr Freude am Sex, und ihre Ehen und Familien sind gesünder und halten häufiger dem Stress des Alltags stand.

Christen saufen und rauchen weniger, nehmen seltener Drogen und sind schon rein körperlich deswegen fitter als der Durchschnitt der Bevölkerung. Und das wirkt sich auch auf die seelische Befindlichkeit aus – in einem gesunden Körper ist es leichter, sich wohl zu fühlen. Und auch ganz zum Schluss, wenn es ans Sterben geht, erleben gläubige Menschen den nahenden Tod mit weniger Angst und Verzweiflung.

Soweit einmal eine kleine Auswahl der Ergebnisse wissenschaftlicher Untersuchungen, die sich mit Lebensglück, Gesundheit, Lebenserfolg und dem Lebensstil frommer Menschen befassen.

Meiner Meinung nach heißt es deshalb nicht »fromm, aber trotzdem einigermaßen fit«, sondern »fromm und okay«. Christsein und seelisch gesund sein widerspricht sich nämlich nicht.

Und jetzt kann ich mir gut vorstellen, wie manche Leser denken: »Auf welchem Planeten ist denn der zu Hause? Die Frommen, die ich kenne, sind verklemmt, depressiv und zwanghaft. Sie können vor lauter Verboten nichts mehr richtig genießen. Ihre Einstellung zum Leben ist langweilig. Und wenn ›fromm sein‹ heißt, so zu sein wie die, dann bin ich es lieber nicht.«

Denen, die so denken, zum Trost: Jawohl, diese Leute kenne ich auch. Ich bin als therapeutischer Seelsorger fast täglich mit ihnen beschäftigt und versuche ihnen zu helfen. Es stimmt, dass in bestimmten »frommen« Kreisen Depressionen, Sexualstörungen und Zwänge fast schon die Regel sind. Es stimmt, dass manche Menschen ihre Selbstunsicherheit und übertriebenen Minderwertigkeitsgefühle hinter einer »frommen« Pseudo-Demut mühsam verbergen. Und natürlich ist es wahr, dass für manche die »Frömmigkeit« selber zu einer Art Zwangsstörung geworden ist, bei der weite Teile des Alltags ritualisiert und unfrei gestaltet werden.

Ganz klar: Es gibt in christlichen Gemeinden auch die autoritären Unterwerfungsstrukturen, die unter dem Begriff »geistlicher Missbrauch« einzuordnen sind und die dazu führen, dass Menschen von anderen abhängig werden. Und es gibt für jede dieser Störungen und für manche andere Absurditäten bibelschwingende Vertreter, die das ganze krank machende Getue »fromm« aufrechterhalten. Und, und, und ...

Aber das ist nicht gleichzusetzen mit einem biblisch orientierten und in Jesus Christus verankerten Glauben. Auch nicht mit einer Lebensführung, die auf einem biblischen Menschen- und Gottesbild basiert und in dem die Schöpfung Gottes dankbar und verantwortlich angenommen wird. Und sicherlich hat es wenig zu tun mit dem Evangelium von Jesus Christus, in dem uns Gott ganz und gar menschlich begegnet und wo Gott uns dort abholt, wo wir stehen – und es nicht unsere Aufgabe ist, uns mit moralischen Klimmzügen in die lichten Höhen einer göttlichen Sphäre hinaufzuhangeln.

Heißt das, dass jemand, der einen solchen Glauben lebt – voller Freiheit, Gottvertrauen und Hingabe –, nicht depressiv oder anderweitig psychisch krank werden kann, vielleicht sogar prinzipiell von Leid verschont bleiben muss? Es gibt Christen, die behaupten das. Manche machen sich sogar sehr stark dafür, dass es gar keine psychischen Krankheiten gibt – nur mangelnden Glauben. Oder dass die »so genannten psychischen Krankheiten« eigentlich allesamt auf eine sündhafte Lebensführung zurückzuführen seien und daher die Aufgabe jeder wirklichen Seelsorge sich darauf beschränke, diese Sünde herauszufinden und vor Gott zu bekennen. Man bittet um Verzeihung – und schon ist alles wieder gut. Wisch und weg. Manche dieser »Seelsorger« haben sogar mehr oder weniger kurzfristige Erfolge und belegen ihren Heilungsglauben mit jeder Menge persönlicher Zeugnisse und subjektiver Heilungserfahrung. Aber – das wissen andere Seelsorger, die hinterher aufräumen müssen – ihr Weg ist gesäumt von Halbtoten, die nun mit noch größeren Versagergefühlen, mit noch mehr Schuld und Beschämung und größerer Selbstverachtung ihre Depression und anderen Schwierigkeiten eben nicht in den Griff bekommen. Damit ist nicht gesagt, dass Gott nicht auch heute Heilung schenken kann – aber Wunder sind nicht von Menschen verfügbar, sie können nicht erzwungen werden, auch nicht mit Gebet und mit noch so starkem Glauben. Wer sie verspricht, steckt sich den lieben Gott in die Hosentasche und klimpert mit Wundern wie mit Kleingeld. Nur, dass der wahre und lebendige

Gott das nicht mit sich machen lässt und sich viele Menschen gerade von diesen Heilungsversprechen enttäuscht abwenden – um sich dann auch von Gott abzuwenden, der sie doch nach wie vor sucht und liebt, auch durch ihren Leidensweg hindurch.

Im Gegensatz zu diesem »Wer-richtig-glaubt-dem-geht's-gut«-Wohlstandsevangelium gibt es den anderen Pol: Menschen, die aufgrund ihrer eigenen Geschichte oder aus welchen Gründen auch immer den Glauben oder jegliche Religion als Vorhof der Psychiatrie betrachten.

Sigmund Freud ging als Atheist davon aus, Religion sei eine kollektive Neurose – also eine Verzerrung der Realität, die sich religiöse Gemeinschaften teilen. Viele andere folgen seinen Fußstapfen und betrachten einen Glauben an sich bereits als Störung. Diese Autoren berufen sich u.a. auch auf psychologische Erkenntnisse, allerdings weniger auf wissenschaftliche Untersuchungen, sondern eher auf eigene Beobachtungen – die natürlich nicht »weltanschaulich neutral« sind. Es ist die Rede von »ekklesiogenen Neurosen«, d.h. Störungen, die sich angeblich auf die Einflüsse religiöser Strukturen zurückführen lassen. Im Gespräch mit Psychotherapeuten habe ich zwar den Eindruck, dass die meisten anders denken – aber es gibt sie, die Hardliner, die sich ganz sicher sind, dass der Glaube nichts als eine Krücke ist, ein fauler Kompromiss, der nur vordergründig ganz gute Dienste leistet für Menschen, die so etwas brauchen.

Andererseits gibt es gerade im sozial-psychologischen Bereich einen Trend zur Berücksichtigung der »Spiritualität« des Menschen, allerdings eher außerhalb religiöser oder kirchlicher Bindungen, oft mit einem Hang zur Esoterik-Szene. (Beide Positionen sind allerdings eher selten; die meisten Psychotherapeuten sehen ihre Aufgabe nicht darin, den Glauben eines Menschen zu unterbinden oder zu fördern.)

In der Auseinandersetzung mit diesen unterschiedlichen Haltungen wird aber deutlich, dass es nicht nur um ein Aufeinanderprallen unterschiedlicher Glaubensauffassungen und Ideologien geht, sondern dass die Beobachtungen der »Gegenseite« häufig Wahrheiten enthalten. Ich habe z.B. nicht selten den Eindruck, dass unsere persönlichen Vorstellungen von Gott in der Tat wohl eher das widerspiegeln, was wir uns wünschen oder was wir befürchten. Und hat Freud nicht behauptet, Gott sei vom Menschen geschaffen, als Projektion seiner unbewussten Wünsche und Ängste? Es stimmt ja wirklich, dass es lebensunfrohe und leistungsorientierte Christen gibt, die mit sich selber nie richtig klarkommen. Und dass der mora-

lische Druck in manchen Gemeinden Menschen eher lähmt als befreit. Manchmal scheint es, als müssten wir an unseren Gemeindetüren Schilder anbringen: »Zu Risiken und Nebenwirkungen fragen Sie bitte Ihren Arzt, Apotheker oder Seelsorger.« Ich glaube zwar nicht, dass dieses finstere Bild überall zutrifft, aber wir müssen uns mit dem Thema auseinander setzen – und ich nehme an, wenn Sie das nicht wollen, hätten Sie dieses Buch nicht in der Hand. Noch einmal: Insgesamt gesehen ist die Zugehörigkeit zur christlichen Gemeinde eindeutig ein positiver, lebensfördernder Faktor.

Wie der Autor zu seiner Meinung kam ...

Eigentlich habe ich die Frage, wer dieses Buch schreibt, jetzt ganz nebenbei schon weitgehend beantwortet. Aber weil es wichtig ist zu wissen, aus welchem Blickwinkel jemand die Welt sieht und wie er zu den Erkenntnissen kommt, die er verbreitet, will ich es noch deutlicher sagen. Gestatten Sie bitte, ich stelle mich vor:

Also erstens: Ich bin Christ. Die Brille, durch die ich den Glauben und die Frömmigkeit anderer sehe, ist die eines Menschen, der sich selber mit seinem ganzen Leben (und hoffentlich, wenn es soweit ist, auch mit seinem Sterben) in Jesus Christus geborgen und aufgehoben weiß. Und: Ich bin gerne Christ. Schon seit meiner Kindheit: Ich bin »sehr fromm« erzogen worden und aufgewachsen. Und obwohl mir die Engführungen dieser Erziehung manchmal Mühe gemacht haben, bin ich im Großen und Ganzen dafür sehr dankbar, weil sie eben auch im guten Sinne bewahrend war. In vieler Hinsicht habe ich mich aus dem Frömmigkeitsstil und den Überzeugungen meines kindlichen Glaubens gelöst, in anderen bin ich noch ganz und gar kindlich und hoffe auch, dass ich mir weiterhin diese Kindlichkeit bewahren kann – oder dass sie mir von höherer Seite bewahrt bleibt.

Zweitens: Ich bin Humanwissenschaftler. Ich habe Psychologie studiert und in diesem Fach auch promoviert. Die zweite Brille, die meinen Standpunkt deutlich beeinflusst, ist also die einer Person, die die Welt und die Menschen darin auch durch die Aussagen empirischer Untersuchungen interpretiert – das heißt, vor dem Hintergrund wiederholbarer Datenerhebungen und nachprüfbarer Ergebnisse aus der wissenschaftlichen Forschung. Ich mag Theorie und bin der festen Überzeugung, dass eine gute und gegründete Theorie nicht der Praxis des Lebens widerspricht, sondern immer praxisnah ist. Wenn also eine Theorie in der Praxis nicht funktioniert, ist die Theorie falsch, nicht die Praxis. Als Humanwissenschaftler nehme ich für mich in Anspruch, dass die Dinge, die ich vertrete, nicht »aus dem hohlen Bauch« kommen, sondern begründbar sind. Das heißt nicht, dass sie »wahr« sind – wissenschaftliche Erkenntnis ist immer provisorisch. Aber wenn es darum geht, möglichst viel Wahrheit über die Ordnungen und Regeln der Schöpfung zu erkennen, sind wissenschaftliche Aussagen die beste Annäherung an die Wirklichkeit, die uns möglich ist. Trotzdem ist dieses kein wissenschaftliches Buch, in dem alle Behauptungen mit möglichst vielen Zitaten belegt werden. Das stört den Lesefluss. Ich bitte die Leser also mir zu vertrauen, dass es die wissenschaftlichen Untersuchungen, von denen ich spreche, wirklich gibt und dass ich die nötige Ausbildung habe, sie zu verstehen und vernünftig zu interpretieren.

Drittens: Ich bin therapeutischer Seelsorger. Im Unterschied zu den meisten Medizinern und Psychotherapeuten bezieht sich meine Arbeit nicht nur auf Psyche und Körper, sondern schließt auch geistliche bzw. spirituelle Aspekte ein. Trotzdem: Ich habe es in meinem Alltag nicht in erster Linie mit Glaubensproblemen zu tun, sondern mit Lebensproblemen mit Menschen, die psychisch gestört sind, die mit ihrem Leben nicht klarkommen, die in ihren Beziehungen feststecken oder chaotisch sind, die sich selber nicht ausstehen können (und andere oft auch nicht), Menschen, die zwanghaft, depressiv, ängstlich oder aggressiv sind, die sich überfordert fühlen und therapeutische Seelsorge suchen, um an sich etwas zu verändern. Diese therapeutisch geprägte Brille ist ein bisschen gefährlich, denn wer sie auf hat, sieht die Welt möglicherweise zu negativ. Leicht lässt man sich zu dem Rückschluss verführen, dass das Gegenteil von dem, was gestörte Ratsuchende tun, das Gesunde sei. (In der Regel ist das Gegenteil aber genauso unsinnig. Gesundheit liegt häufig in der Mitte.) Wer viel mit frommen und gleichzeitig psychisch leidenden Menschen zu tun hat, erlebt möglicherweise am Ende die Frömmigkeit selber als Grund des Übels und muss sich selber immer wieder verdeutlichen, dass seine Weltwahrnehmung wegen der besonderen Auswahl an Begegnungen nicht repräsentativ ist. Aber die persönliche Betroffenheit, die sich aus diesen Begegnungen ergibt, hat auch ihre Stärke, denn sie sorgt dafür, dass beide Füße fest auf dem Boden bleiben. Wer mit leidenden Menschen zu tun hat, weiß, dass die schnellen und einfachen Antworten, die man aus dem Ärmel schüttelt, eben auch ärmlich sind und in der Regel eher schaden als nützen.

Viertens: Ich bin Mensch. Zum Zeitpunkt des Schreibens 43 Jahre alt, davon etwas über zwanzig Jahre verheiratet, und Vater von vier Teenagern. Ich werde also täglich daran erinnert, dass ich selber nicht perfekt bin, dass ich nicht alles weiß, und bin sicher, dass ich dieses Buch in zehn Jahren anders schreiben würde – so wie ich heute anders schreiben würde, was ich vor zehn Jahren geschrieben habe. Und so stelle ich mir vor, dass die Leser nicht gläubig die Worte dieses Buches aufnehmen, sondern sich in einem inneren Dialog kritisch damit auseinander setzen. Manche der Behauptungen, die ich mache, werden Sie vielleicht ärgern, andere zum Nachdenken anregen oder in Frage stellen. Wieder andere werden bestätigen, was Sie sowieso schon dachten. So stelle ich mir also vor, wir sitzen in Ihrem Wohnzimmer oder vielleicht im Hauskreis und reden miteinander. Ich stelle mir vor, wir tauschen nicht nur Höflichkeiten aus, sondern wagen einander zu widersprechen. Und warum das Ganze? Ich hoffe, dass am Ende eines dabei herauskommt: dass die Gemeinde Jesu befreiter, mit weniger Reibungsverlusten und mit mehr Freude und Energie den Auftrag ihres Herrn wahrnimmt.

Die Grundlage jeder Seelsorge – auch der Seelsorge an der eigenen Person – ist ihr Menschenverständnis. In diesem Kapitel geht es daher darum, ein ganzheitliches Menschenbild zu beschreiben, wie es die Bibel zeigt. Leib, Seele, Geist: Woher kommen Störungen? Wie kann man sie verhindern? Ein Fazit: Die Störungen, unter denen Christen oft leiden, liegen nicht am Glauben, sondern an menschlichen Normen in der christlichen Gemeinschaft.

Kapitel 2

Menschenbilder – Wie wir uns und andere sehen

Peter ist 18 und geht auf das Abitur zu. Ein wenig ängstlich, wie er ist, will er ganz sichergehen, dass die Prüfungen gelingen, und arbeitet fleißig. Trotzdem kommt er ein paar Tage vor den schriftlichen Prüfungen in Panik zur Seelsorge: Er habe nicht regelmäßig genug seine Stille Zeit gemacht und befürchtet nun, dass Gott ihn durch die Prüfung rasseln lässt . . . Die Angstzustände werden schlimmer, Peter wird krankgeschrieben und hat nun schon panische Angst vor dem nächsten Prüfungstermin.

Judy Funke ist an Leukämie erkrankt. Mit 25 Jahren und zwei kleinen Kindern ist das einfach furchtbar für sie und ihre Familie und Freunde. In der Gemeinde wird viel für sie gebetet, und die Verzweiflung ist groß, als die Blutwerte trotzdem immer schlechter werden. Judy stirbt nach einer mehrjährigen Leidenszeit, Knochenmarktransplantationen, Krankenhaus, entsetzlichen Schmerzen. Doch: Die Krankenschwestern berichten erstaunt, Judy habe bis in die letzten Momente hinein eine unglaublich freundliche Ausstrahlung gehabt, irgendwie sei sie getrost und geborgen gewesen und in Frieden mit sich und Gott gestorben. Sie habe viel von ihrer Liebe zu Jesus gesprochen.

Nach Judys Tod schließen sich zwei der Krankenschwestern, die sie gepflegt haben, einer christlichen Gemeinde an. Bei der Beerdigung singt die Gemeinde in Anspielung auf ihren Namen: »Ein Funke, kaum zu seh´n, entfacht doch helle Flammen ...«

Ich habe Judy nicht erfunden, sie war eine Freundin. Inzwischen sind zwanzig Jahre vergangen, ihre Kinder sind erwachsen, auch sie sind Christen und alles deutet darauf hin, dass sie gesund sind und ihr Leben meistern. Und auch Peter gibt es wirklich, und das leider x-mal in verschiedenen Variationen.

Wie kann es sein, dass der Glaube an einen lebendigen Gott bei dem einen eine solche zerstörerische Kraft entwickelt und bei einem anderen zu einer wirklich übermenschlichen Stärke im Umgang mit Leid führt? Liegt es überhaupt am Glauben oder ist Peter einfach emotional labil, Judy stabil? Sind die Unterschiede womöglich gar erblich – also körperlich – bedingt?

Letztlich kann man diese Fragen nicht beantworten. Aber wir tun manchmal so, als könnten wir ganz sicher wissen, wie sich der Glaube auf Denken und Fühlen, auf die Gesundheit und das Wohlbefinden auswirkt; ich bin da gerne vorsichtig: Es hat immer alles mit allem etwas zu tun – aber wie ganz genau und in welchem Maß, das wissen wir oft nicht. Und was dabei Wirkung und was Ursache ist, ist auch so eine Sache: Bei genauer Betrachtung zeigt sich meistens, dass die Wirkung auch Ursache ist und die Ursache Wirkung.

Wie hängt Glaube mit seelischer und körperlicher Gesundheit zusammen?

In der Einleitung habe ich bereits zwei extreme Positionen dargestellt: Auf der einen Seite ist die Sicht von Freud und mancher seiner Anhänger, die fest davon überzeugt sind, dass religiös gläubige

Menschen seelisch nicht gesund sein können. Für sie ist Gott ein Phantasieprodukt der gestörten Seele, eine Projektion unserer enttäuschten Vaterwünsche, kurz, eine Krücke, die mehr am Gehen hindert als es ermöglicht. Auf der anderen Seite gibt es diejenigen, die sagen, eine Störung im Wohlbefinden könne es bei einem Menschen, der wirklich richtig gläubig ist, eigentlich nicht geben – erst recht keine psychische Störung geschweige denn Beziehungsstörungen, Probleme in der Erziehung oder Ähnliches. Wenn es nach diesen Christen geht, haben solche Probleme immer etwas mit dem Verstoß gegen göttliche Ordnungen (also Sünde) oder mangelndem Glauben zu tun. Im Extremfall lehnen sie medizinische Behandlung ab: »Wenn Gott mir eine Krankheit zumutet, dann muss ich sie erdulden«, oder: »Wenn ich wirklich ganz auf Gott vertraue, dann wird er mich heilen.«

Beide Positionen finden sich bei fast jedem Christen abgeschwächt und manchmal nur etwas vorsichtig verborgen geäußert wieder.

Vielleicht haben Sie auch von anderen Christen schon einmal Sätze gehört wie: »Ja, wissen Sie, dass muss man verstehen, der ist sooo zwanghaft, aber der hat halt ein unheimlich frommes Elternhaus«, oder: »Sie kommt aus einer gaaanz frommen Gemeinde – kein Wunder, dass sie depressiv ist.« Der Begriff »fromm« wird dabei nicht in seiner eigentlichen Bedeutung gebraucht, sondern im Sinne von engstirnig, stur, in Traditionen und Formen verhaftet, gesetzlich, einfach stockkonservativ bis zur Bewegungsunfähigkeit. Die Tatsache, dass wir einen Begriff, der eigentlich die im Alltag gelebte Nähe zu Jesus Christus beschreibt, so negativ belegt haben, zeigt übrigens, dass auch unter Christen das Freud'sche Misstrauen gegenüber dem Glauben recht verbreitet ist.

Auch die andere Position kennen wir, z.B. wenn man sich fragt: »Was will Gott mir mit dieser Krankheit sagen?«, oder, in der Umkehrung, wenn es einem gut geht: »Der Herr hat uns reich gesegnet.«

Beiden Positionen kann ich auch leicht etwas Wahres abgewinnen: es ist ja wahr, dass unsere Gottesbilder wenigstens zu einem Teil Projektionen unserer Elternbilder sind, oder etwa nicht? Finden Sie in Ihrem Gottesbild nicht Papa und Mama wieder? Hat sich Ihr Gottesbild in den letzten zehn Jahren etwa nicht geändert, im Gleichklang mit Ihrer seelischen Reifung und Weiterentwicklung? Wahrscheinlich schon. Hoffentlich ist Ihr Gottesbild nicht fixiert und statisch – auch wenn Gott immer derselbe bleibt! In der Beobachtung unserer eigenen Vergangenheit erleben wir, dass wir uns unsere religiösen Überzeugungen doch auch ein Stück weit selber zurechtschneidern und damit seelische Konflikte vermeiden, dass also auch unser persönlicher Glaube als Krücke in der Alltagsbewältigung herhalten muss. Aber wir erleben den Glauben auch als wirkliche Hilfe, z.B. als Trost oder Mutmacher. – Wenn es uns schlecht geht, beten wir um Besserung und erwarten von Gott, dass er eingreift und sich in unserem Leben zeigt. Und wir fragen nach dem Sinn einer Krankheit oder Lebenskrise in der Erwartung, dass Gott die Krise beendet, wenn wir seine Botschaft verstanden haben.

Und wir danken ihm dafür, wenn es gut gegangen ist.

Nur zeigen uns die alltägliche Erfahrung wie auch die Berichte der Bibel, dass frommen Leuten schlimme Dinge passieren – und dass irgendwelche gottlosen Typen einen Sechser im Lotto ziehen. Nicht wenige Christen glauben daher »öffentlich«, dass Gott mit seinen Menschen Gutes im Sinn hat, und »privat«, dass man ihm wohl doch nicht so recht trauen kann.

Manche Christen lösen das Problem so, dass sie Glaube und Körper ganz und gar getrennt voneinander sehen, dafür aber Psyche und Glaube in eine Schublade werfen. Sie haben ein dualistisches Menschenbild und unterscheiden nur zwischen zwei Bereichen: Körper und Geist. Dabei gehören zum Bereich des Geistes alle ideellen Aspekte, so unterschiedliche Dinge wie Glaube, Seele und Psyche, prägende Erziehungserfahrungen und Beziehungsstrukturen – eben alles, was nicht materiell ist. Oft geht eine solche Zweiteilung mit dem mehr oder weniger ausgeprägten Denken einher, der materielle (körperliche) Bereich interessiere Gott nicht sonderlich, dagegen sei alles, was nicht mit Materie zu tun habe, ausschließlich seine Angelegenheit und der Mensch habe da nicht hineinzupfuschen. Also eine Einteilung Materie = irdische Welt, Ideelles = göttliche Welt. Und nichts dazwischen. Mit dem Körper geht man zum Arzt, mit der Seele zum Seelsorger – wobei hier Seelsorge als etwas verstanden wird, was sich nur geistlichen Themen widmet. Oft ist diese dualistische Einstellung mit einer ziemlichen Geringschätzung aller körperlichen Seiten verbunden: Der Körper wird als mehr oder weniger lästiges Gestell erlebt, auf dem man seine Seele aufhängt wie Kleider auf dem Ständer.

Und die Bibel?

Im Menschenbild der Bibel wird der Mensch als eine untrennbare Einheit von Geist, Psyche und Leib gesehen.

Im Menschenbild der Bibel wird der Mensch als eine untrennbare Einheit von Geist, Psyche und Leib gesehen. Sehr deutlich wird z.B. im Segenswunsch des 1. Thessalonicherbriefes auf diese Ganzheitlichkeit Bezug genommen: »... auf dass ihr untadelig und unversehrt bewahrt bleibt an Geist samt Seele und Leib ...« (Kapitel 5,23).

Etwas kompliziert wird die ganze Sache dadurch, dass auch in der Bibel diese Begriffe nicht immer nur in einer einzigen Bedeutung gebraucht werden, so findet sich der Begriff »Seele« an manchen Stellen auch als Bezeichnung für den ganzen Menschen in all seinen Bezügen (wie auch in der deutschen Sprache, wo die Einwohner eines Dorfes mit »300 Seelen« auch körperlich und psychisch existieren). Also rede ich in Zukunft von »Psyche« (dem griechischen Wort für Seele), wenn ich die psychischen Aspekte meine: Denken, Fühlen, Beziehungen, Erziehung, Lebensgeschichte usw. Mit »Geist« meine ich dagegen den spirituellen Aspekt des Menschen.

Sehen wir uns diese drei Aspekte einmal etwas genauer in Bezug auf ihre Bedeutung für die seelische Gesundheit an:

Jeder Mensch ist *Geist* – das heißt: Menschen haben geistliche Aspekte und Bedürfnisse, die ihr Wohlbefinden und ihre Gesundheit beeinflussen, die zur Schaffung und Lösung von Problemen beitragen können. Ob es Fragen der Schuld sind, die einen Menschen belasten, oder das Erlebnis von Vergebung, eines gesetzlichen oder evangeliumsgemäßen Glaubensstils, ob es die Frage der Sinnfindung im Erleben des Leides ist, ob eine im Glauben gegründete Hoffnung Mut macht, Leid zu ertragen, ob die Gemeinschaft im Gebet Kräfte verleiht, ob im Vordergrund oder im Hintergrund: Irgendwie haben Störungen immer auch etwas mit der Beziehung zum Schöpfer, also mit dem Glauben zu tun. Das heißt nicht, dass die religiöse Dimension immer ausschlaggebend ist und zum zentralen Gegenstand jeder Seelsorge werden muss. Oft ändern sich geistliche Aspekte »automatisch«, wenn Änderungen im körperlichen und psychischen Bereich geschehen. So können z.B. Glaubenszweifel verschwinden, wenn eine körperliche Krankheit geheilt wird, oder ein gesetzlicher Glaube wird »von alleine« evangeliumsgemäßer, wenn ein zwanghafter Mensch in einer Psychotherapie lernt, sich selbst und die Welt realistischer wahrzunehmen und differenzierter zu denken. Wer verkrampft denkt, glaubt wahrscheinlich auch verkrampft – und umgekehrt. Das spürt man sogar in der Muskulatur. So ist es zu erklären, dass manche Christen durch eine weltliche Psychotherapie auch zu einem vertieften Glaubenserleben kommen, obwohl der Glaube selber gar nicht Thema der Therapie war. (Andererseits kann es natürlich auch vorkommen, dass Glaubensüberzeugungen pauschal in Frage gestellt werden, weil sie fälschlicherweise in Bausch und Bogen als Teil der Störung verstanden werden.)

Wie kann man die Spiritualität einer Person beschreiben? Eines ist klar: Ein »Glaub-o-Meter«, mit dem man den geistlichen Aspekt messen und objektiv feststellen kann, was der Glaubensstand eines Menschen ist, gibt es nicht und kann es auch nicht geben. Der geistliche Aspekt entzieht sich prinzipiell einer objektiven oder wissenschaftlichen Überprüfung. Und doch ist er sicherlich erfahrbar: durch das Wirken des Geistes Gottes, durch die Begegnung mit dem Wort Gottes, in der Gemeinschaft und in der Stille. Aber eben wiederum nicht verfügbar. Der Geist weht, wo er will, und lässt sich nicht mit dem Schmetterlingsnetz einfangen. Geistliche Ereignisse sind nicht machbar. Gott alleine tut Wunder und er lässt sich nicht zwingen. Das möchten wir zwar vielleicht manchmal gerne (z.B. durch lange Gebete), aber Christen erleben immer wieder, dass das nicht läuft. Und wenn sie noch so enttäuscht sind: Gott ist kein Automat, der bei der richtigen Fütterung die erwünschten Produkte ausspuckt.

Der zweite Aspekt des Menschen: die Psyche. Jeder Mensch ist *Psyche*. Hier ist nicht die »unsterbliche Seele« gemeint, sondern die Tatsache, dass menschliches Leben eingebunden ist in Beziehungen und Lernprozesse, dass jeder Mensch seine eigene prägende Geschichte hat usw. Es geht also im Großen und Ganzen um Aspekte menschlichen Lebens, die wissenschaftlich untersucht werden können: Denken, Gefühle, Lernprozesse, Kommunikationsverhalten, die Bedeutung der Erziehung, die Notwendigkeit des Lernens, die

Qualität von Beziehungen usw. Diese Aspekte kommen in vielen biblischen Aussagen vor. Doch sie sind innerweltlich, sie gehorchen den Gesetzen der Schöpfung und gehören zur Natur. So ist es durchaus möglich, dass gläubige Menschen von Ungläubigen lernen – oder gar von der Tierwelt (»Gehe zur Ameise, du Fauler«; Sprüche 6,6). Da die Psyche Teil der von Gott geschaffenen Welt ist, unterliegt sie Schöpfungsordnungen, die der Mensch durch Beobachtung erkennen kann. Die Bibel nennt diese Art von Erkenntnis »Weisheit«, und da sich auch diese Erkenntnisse letztlich Gottes Schöpfungshandeln verdanken, werden auch die in der Natur zu beobachtenden Zusammenhänge als das Reden Gottes mit dem Menschen verstanden. (Vgl. hier z.B. Jesaja 28,23–26, wo die aus der Naturbeobachtung hergeleiteten landwirtschaftlichen Grundregeln und die damit verbundenen Methoden als Offenbarung Gottes beschrieben werden.) So ist auch die Wissenschaft ein Teil des Redens Gottes mit dem Menschen.

Zu den Beobachtungen von Gottes Schöpfung gehört natürlich auch die Psychologie, die Wissenschaft von Verhalten, Denken und Erleben des Menschen. Die Tatsache, dass im Namen der Wissenschaft oft Ideologie vertreten wird, spricht nicht dagegen. In einer gefallenen Schöpfung gibt es nun mal nichts Reines. Dabei ist es unerheblich, um welche Wissenschaft es sich handelt. Alles Wissen kann zu ideologischen Zwecken gebraucht und missbraucht werden. Ob es um »deutsche Physik« geht oder um »esoterische Psychologie«: Das erste war nicht Physik und das zweite ist nicht Psychologie. Und auch da, wo die ideologische Durchdringung nicht deklariert wird, ist die Praxis der Wissenschaft nie gänzlich ideologiefrei. Die Interpretation der Daten und Fakten unterliegt immer in gewissem Maß dem Zeitgeist und den Glaubensgrundsätzen der Forscher, die ihre Daten interpretieren. Hier gibt es den feinen Unterschied zwischen Wissen und Wahrheit: Was wirk-

> **Hier gibt es den feinen Unterschied zwischen Wissen und Wahrheit: Was wirklich wahr ist, weiß nur Gott.**

lich wahr ist, weiß nur Gott. Für Menschen gibt es nur Wissen mit einer Wahrheitsvermutung. So »wussten« wir vor ein paar hundert Jahren, dass die Erde eine Scheibe ist, um die sich die Gestirne drehen. Heute »wissen« wir anderes.

Es gilt also immer, den Wert wissenschaftlicher Erkenntnisse und deren Anwendung vor dem Hintergrund eines biblischen Wirklichkeitsverständnisses zu prüfen. Mit anderen Worten: Die Bibel sagt uns zwar nicht, welche Neurotransmitter eine Depression auslösen und welche Medikamente dann wirken, wie man eine Atombombe baut oder mit welcher Methode man am besten Klavier spielen lernt, aber sie gibt uns den Auftrag zur Heilung, sie verbietet die Vernichtung von Menschenleben und sie fordert uns zum fröhlichen Musizieren auf. Kurz: Mit der Wissenschaft ist es wie mit dem Beton – es kommt drauf an, was man draus macht.

Und was die Psychologie betrifft: Jeder Mensch hat seine eigene: gesammelte Erfahrungen darüber, wie Menschen sind; Erkenntnisse über Denkweisen und ihre Wirkungen; Normen und Regeln, die den Umgang mit anderen Menschen bestimmen. Jeder Mensch hat eine mehr oder weniger entwickelte Vorstellung davon, was es bedeutet, Mensch zu sein. Wo es möglich ist, neben dieser persönlichen Psychologie wissenschaftliche Erkenntnisse zu nutzen, sollten wir es tun – also die wissenschaftliche Psychologie berücksichtigen.

Zum dritten Aspekt der biblischen Sicht des Menschen: Jeder Mensch ist *Leib*. Im Begriff Leib begegnet uns nicht nur die materielle, biologisch-medizinische Gestalt des Menschen, sondern der gesamte Aspekt der Vergänglichkeit menschlichen Lebens. *Dabei sieht die Bibel die Sterblichkeit als die Grundursache menschlichen Leidens*. Also nicht: Der Mensch stirbt, weil er krank wurde, sondern umgekehrt: Der Mensch wird krank, weil er sterblich ist. So beschreiben die Psalmen das Erfahren von Leid bereits als »Vorhof des Todes«, und zum Trost für den leidenden Hiob setzen sich die Freunde mit ihm in die Asche und sagen damit unter Bezug auf die Tatsache, dass der Mensch aus Staub gemacht ist und wieder zu diesem zurückkehrt, dass auch sie bereits wieder wie Staub sind, d.h. sein Leid teilen.

Es gehört zum biblischen Menschenbild, dass wir schwach und müde sein können und sein dürfen.

Es gehört zum biblischen Menschenbild, dass wir unsere Begrenzungen auch schmerzhaft erfahren, dass wir nicht immer nur mit voller Kraft und guten Mutes aufwärts streben, sondern dass wir schwach und müde sein können und sein dürfen. Es gibt Christen, die grenzenlose »Power und Action« als Zeichen des »wirklich richtig gläubigen Christen« betrachten – aber in der Bibel begegnet uns ein Gott, der sein Reich eher mit schwachen Menschen baut. Und mehr noch: der sich selber in Jesus Christus den Tod zumutet, um uns den Weg zum Leben zu öffnen.

Die Frage nach der Bedeutung des Glaubens für die *seelische Gesundheit* beantwortet sich also nicht prinzipiell positiv oder negativ. Wir stehen hier in einer Spannung. Die wirklich geistlichen Aspekte sind nicht messbar und können daher auch nicht auf ihre Wirkung hin untersucht werden. Die Zugehörigkeit zu einer christlichen Gemeinde ist – das zeigen viele wissenschaftliche Untersuchungen – im Großen und Ganzen ein positiver Faktor. Aber ob das wohl daran liegt, dass Christen ein recht gut funktionierendes soziales Netzwerk haben? Oder vielleicht daran, dass sie weniger rauchen und Alkohol trinken und daher körperlich gesünder sind? Oder gibt ihr Glaube ihnen mehr Geborgenheit und Gelassenheit? Ist es gar die moralische und ethische Integrität, die zu mehr Verbindlichkeit in Beziehungen führt, zu größerer Ehrlichkeit, sexueller Treue und damit besseren Familienbindungen? Kann es daran liegen, dass religiöse Überzeugungen – egal welcher Art – sinnstiftend und daher mit besseren Stressbewältigungsstrategien verbunden sind? Wer weiß … Die Bibel lässt das offen. Sie verspricht dem Gläubigen keine größeren Erfolge im Alltag, keine bessere Gesundheit oder weniger Leid, und doch ist eindeutig, dass Christen im Durchschnitt besser, länger und gesünder leben.

Aber nun die schlechte Nachricht: Es gibt einzelne Störungen, die zumindest in bestimmten Frömmigkeitsprägungen deutlich häufiger vorkommen. Dazu zählen in manchen Gemeinschaften Depressionen und Angststörungen, Sexualstörungen und Zwänge. Was fördert diese Störungen in diesen Gemeinschaften?

Ich bin sicher: Es ist nicht der Glaube an Jesus Christus, der diese Menschen krank macht. Diese Gemeinden haben vielmehr auf der innerweltlichen (also psychologischen und biologischen) Ebene Gewohnheiten, soziale Normen und Zwänge, Regeln im Umgang mit Kommunikation und Beziehungen usw. entwickelt, die nicht gesund sind. Häufig werden diese Regeln zwar »fromm« begründet – sie sind aber nicht wirklich Teil einer an der Bibel und am Evangelium ausgerichteten Überzeugung, sondern durch und durch menschlich. In den Kapiteln 4 bis 8 werde ich einige dieser »frommen« Überzeugungen beschreiben – und ich bin sicher, dass das für einige Leser dem Schlachten von heiligen Kühen ähneln wird. Also, ärgern Sie sich bitte! Und glauben Sie mir nicht einfach so. Aber prüfen Sie an der Bibel, ob die eine oder andere religiöse Überzeugung sich nicht doch als selbst gemacht herausstellt!

Manche behandeln ihren Körper wie einen unliebsamen Gegenstand, der mehr stört als hilft. Andere vernachlässigen ihre Psyche und trauen sich ständig mehr Stress zu, als sie ertragen sollten. Und dritte wiederum pflegen ihre Beziehung zu Gott so gut wie gar nicht (obwohl sie möglicherweise vor lauter frommen Aktivitäten rotieren). Und manche vernachlässigen gleich alle drei Aspekte – und wundern sich dann, wenn der Glaube fad wird, die Seele müde und der Körper krank ... Fazit: Wohlbefinden braucht Pflege: körperlich, psychisch, geistlich.

Kapitel 3

Ganzheitlich fit sein heißt: mit allen Aspekten gut umgehen

In diesem Buch geht es in erster Linie um Glaubensüberzeugungen und seelische Gesundheit, nicht um Heimtrainer, Kalorientabellen, Raucherentwöhnung und Vitamine. Aber: Seelische Gesundheit und Glaube spielen sich nicht allein im Kopf und im Herzen ab, sondern im ganzen Menschen, den Körper eingeschlossen. Deswegen lesen Sie dieses Kapitel bitte auch, wenn Sie befürchten, dass ich Ihnen ein schlechtes Gewissen machen könnte, weil Sie zu viel Schokolade essen, zu wenig Sport treiben oder ... Aber darum geht es nicht. Es geht um »Wellness«, also ganzheitliches Wohlbefinden. Und während die nicht so fromme Welt gerade entdeckt, dass man einiges Gute für sich selber tun kann (daher der Boom in dieser Branche), indem man alle drei, Körper, Seele und Geist, ernst nimmt (und mancher dabei nun leider auf die Esoterik-Szene abfährt), sind Christen in der Gefahr, wieder einmal das, was ihnen neu oder fremd ist, so rundweg abzulehnen, dass das Baby mit dem Badewasser ausgeschüttet wird. Die Frage ist also: Ist es gefährlich für den Glauben, wenn Christen etwas Gutes für ihr eigenes Wohlgefühl tun? Werden sie dann der ständigen Suche nach immer neuen Befriedigungen erliegen? Oder kann es sein, dass ein Christ, der sich körperlich und psychisch wohl fühlt, dadurch auch eine tiefere Beziehung zu Gott erfährt und im Endeffekt überzeugender missionarisch wie auch tatkräftiger diakonisch wirken kann?

Ich bin davon überzeugt, dass nach einem biblischen Wirklichkeitsverständnis sowohl Leid als auch Freude aus Gottes Hand angenommen werden können. Wer krampfhaft versucht, das Leid um jeden Preis zu vermeiden oder die Freude misstrauisch als Versuchung des Teufels fürchtet, wird auf der einen oder der anderen Seite vom Pferd fallen. Mit anderen Worten: Wohlgefühl ist erlaubt und soll auch angestrebt werden, aber es ist nicht garantiert. So oder so: Wer sein Leben bewusst aus Gottes Hand nimmt, tut das in Bezug auf die schönen wie auf die schwierigen Aspekte.

Und doch: Man hat dem Christentum immer wieder vorgeworfen, körperfeindlich zu sein, und das nicht ganz zu Unrecht. Wenn auch eine gewisse Ablehnung des Körperlichen eher auf den griechischen Dualismus zurückgeht als auf hebräisches oder christliches Gedankengut – die Kirche hat oft das »Fleischliche« (= Sünde) mit dem Leiblichen (= Gottes Schöpfung) verwechselt. Auch wenn die Bibel die Askese als Heilsweg strikt ablehnt (vgl. z.B. Kolosser 2,20ff), haben Christen in der Geschichte der Kirche immer wieder das Geistliche im Gegensatz zum Körperlichen gesucht und nicht im liebevollen Umgang mit dem Körper als einem Freund der Seele und als dem Tempel des Geistes.

Körperliche Symptome sind oft ein Signal für seelische Not. Doch wir leben in einer Gesellschaft, die im Höchstmaß darauf programmiert ist, alles Unangenehme sofort zu eliminieren. Gegen Kopfweh hilft eine Aspirin oder auch mal zwei, bei Schlafstörungen nehmen wir Beruhigungsmittel, gegen Müdigkeit hilft literweise Kaffee oder noch koffeinhaltigere Limonade, die dann bekanntlich

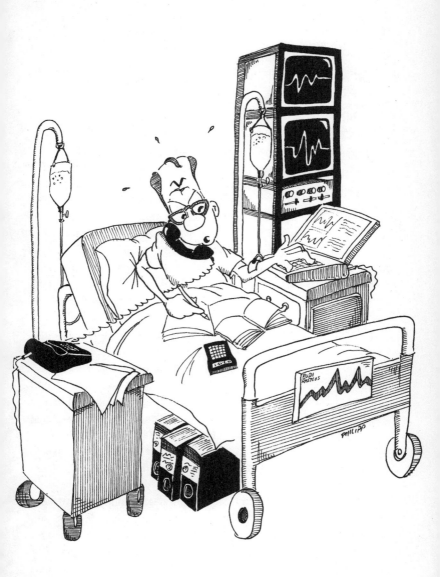

»Flügel verleiht«. Wir haben viele Mittel und Wege, um die Symptome einer ungesunden bzw. übermäßig gestressten Lebensführung zu bekämpfen. Was wir übersehen: Oft sind körperliche Symptome wie ein rotes Warnlämpchen im Cockpit unseres Autos. Und niemand käme doch auf die Idee, mit einem Heftpflästerchen die Bremsfunktionsleuchte zu überkleben und dann zu glauben, das Problem sei gelöst.

> Oft sind körperliche Symptome wie ein rotes Warnlämpchen im Cockpit unseres Autos. Und niemand käme doch auf die Idee, mit einem Heftpflästerchen die Bremsfunktionsleuchte zu überkleben.

Viele körperliche Symptome – wahrscheinlich etwa zwei Drittel aller Arztbesuche – sind stressbedingt. Dabei sind Stress-Symptome für die meisten Menschen nichts als ein gewaltiger Störfaktor. Der eigentliche Sinn und Zweck dieser Reaktionen bleibt den meisten von uns verborgen. Das ist leider wenig hilfreich, denn Grundlage vieler dieser körperlichen Reaktionen ist eine von Gott geschaffene Kette physiologischer Ereignisse, die uns in Gefahrensituationen schützen kann und soll. Was passiert im Körper, wenn's »eng wird« und wir unter Druck stehen?

Wenn wir eine Gefahr wittern, stellt sich unser Körper darauf ein, dass wir entweder flüchten oder kämpfen, also in jedem Fall eine erhebliche *körperliche Leistung* erbringen müssen. Für die meiste Zeit der Menschheitsgeschichte war das ja wohl auch höchst sinnvoll. Ernste Probleme löste man mit der Keule oder mit den Beinen ... Die Angstreaktion ist also ausgerichtet auf Situationen wie z.B. die Begegnung mit einem Raubtier auf der Suche nach Beute oder eine Schlägerei.

Konkret sieht das so aus: Die Grundspannung der Muskeln steigt, so dass wir schneller reagieren können. Unser Körper gibt also schon etwas mehr Gas im Leerlauf, obwohl die Ampel noch rot ist, damit wir bei Grün einen schnellen Start hinlegen können. Wir sind also im wahrsten Sinne des Wortes nicht mehr ganz so entspannt. Die Skelettmuskulatur wird besser durchblutet, was natürlich auf Kosten anderer innerer Organe geht, aber jetzt sinnvoll ist. (Macht nichts, wenn das Frühstück eine Weile länger unverdaut bleibt – schließlich geht's ums Überleben.) Die Haut schwitzt, denn ein glitschiger Körper ist vom Kampfgegner nicht so leicht zu packen, und feuchte Haut (besonders in der Handinnenfläche) reißt nicht so leicht, was sehr sinnvoll ist, wenn man z.B. auf der Flucht auf einen Baum klettert. Um die großen Mengen Kohlendioxid, die beim Rennen in den Bein- und Gesäßmuskeln produziert werden, schnell abtransportieren zu können, senken wir den Kohlendioxidgehalt »vorsorglich«, indem wir schneller atmen. Das subjektive Erleben, nicht mehr richtig Luft zu bekommen, löst diese Überatmung aus. (Was dazu führen kann, dass man das Bewusstsein verliert, wenn die körperliche Anstrengung dann ausbleibt. Erste Hilfe: in eine Papiertüte atmen, damit der Kohlendioxid-Spiegel wieder steigt.) Und auch unser Gehirn schaltet auf »Notbetrieb«: In einer Überlebenssituation ist wichtig, dass wir alles, was um uns herum passiert, mitbekommen und schnell darauf reagieren. Hinterher klare Erinnerungen zu haben, ist dagegen nicht so wichtig. Wir werden also extrem wach und aufmerksam, speichern aber die meisten Informationen nicht mehr ab.

Wenn die Gefahr, die wir wittern, nicht in Form eines jagenden Tieres oder eines keulenschwingenden Rivalen auf uns zukommt, sondern ein bedrohlicher Vorgesetzter oder ein abstürzender Computer (mit Tagen an Arbeit, die drinstecken und verloren gehen können) ist, hilft Flüchten oder Kämpfen allerdings eher wenig. Auch wenn uns unsere Emotionen in die Richtung treiben möchten. Aber selbst wenn wir vor dem Chef nicht wegrennen oder für den Computer nicht die Keule oder einen Vorschlaghammer holen sollten: Wir erleben die gleiche körperliche Reaktion. Der erhöhte Muskeltonus verursacht Anspannung im Nacken, gefolgt von Kopfschmerzen. Die bessere Durchblutung der Skelettmuskulatur auf Kosten anderer Organe führt zu Verdauungsproblemen. Die nassgeschwitzten Hände sind fürchterlich peinlich. Die verkrampfte

Atmung führt zu immer größerer Anspannung. Und das weite Öffnen der Aufmerksamkeitsblende im Gehirn bedeutet, dass wir uns nicht konzentrieren können – wir hören die tickende Uhr, sehen die Autos auf der Straße, lassen uns ablenken und kriegen nichts mehr richtig abgespeichert (und das nicht nur auf der Festplatte des Computers).

So ist also unser Körper durch seine Gefahren-Reaktion für die meisten wirklich brenzligen Situationen, in die unsere Ahnen und Urahnen kamen, bestens vorbereitet gewesen, aber heute haben wir uns in unserer technisierten Welt neue und andere Gefahren geschaffen, für die wir leider gar nicht geschaffen sind. Und so erleben wir unseren Körper gerade dann, wenn es eng wird, als Gegner, der uns einen Knüppel zwischen die Beine wirft.

Dennoch: Es sind gerade diese physiologischen Reaktionen, die mir sagen wollen: Vorsicht! Ich habe Angst! Ich stehe unter Hochspannung! Und sie signalisieren auch: Entspann dich! Du brauchst jetzt Bewegung, musst Stress abbauen, etwas tun, um dich zu schützen ...

Wenn wir diese Signale ernst nehmen würden, müssten wir uns eingestehen, dass wir nicht unbegrenzt stark, endlos dynamisch und ewig jung sind. Und das darf nicht sein – also: Rein mit den Tabletten, dann geht die Warnlampe wieder aus; her mit einer genügend hohen Dosis an Alkohol, dessen einzige erleichternde Wirkung ist, die Stress-Signale zu unterbinden. Und zuerst funktioniert das ja auch mal ganz gut. Denn diese Betäubung bringt kurzfristig erhöhte Leistungsfähigkeit. Allerdings zu einem hohen Preis: verlorene Lebensqualität durch ständigen Stress, verkrachte Beziehungen wegen Zeitmangel, körperliche und psychische Krankheiten durch Alkoholismus und andere Süchte bis zum Herzinfarkt usw. – die ganze Palette der Zivilisationskrankheiten.

Was müssen wir tun, um unseren Körper ernst zu nehmen? Sicherlich nicht, ihn abgöttisch und eitel bewundern, mega-fit und ewig jung halten und ihn mit Diäten und Vitaminpräparaten zum Hochleistungsmotor frisieren. Aber seine Signale ernst nehmen und uns fragen: Was macht denn mein Leben wirklich sinnvoll? Wo klemmt's in meinen Beziehungen? Wo sind meine Ziele überzogen oder falsch? Wo ist mein Leben von Egoismus bestimmt? Regiert die Freiheit des Christen meinen Alltag oder tut es die Angst, etwas zu verpassen? Ist auch mein Geldbeutel durch die Beziehung zu Jesus Christus von der Angst vor dem Zu-kurz-Kommen erlöst? Bin ich in der Lage, Erwartungen anderer zu enttäuschen oder hetze ich mich ständig ab auf der ewigen Suche nach Anerkennung? Was treibt mich?

Aber unser Körper ist ja nicht nur Signal für Probleme, sondern auch Quelle für sehr viel Gutes. Und daher dürfen und müssen wir unseren Körper pflegen. Gesunde Ernährung (ohne zwanghafte Übertreibung), genügend Bewegung, Sport aus Spaß an der Freude, regelmäßige Ruhepausen (wie vom Hersteller verordnet), ein Besuch in der Sauna oder eine Ruhepause in einer warmen Badewanne mit gut riechendem Badesalz, auch das gelegentliche Gläschen Rotwein oder ein richtig leckeres Essen, genügend Schlaf, usw. – Sie wissen sicher selbst, was Ihnen gut tut. Aber Sie müssen es auch tun. Davon, dass man davon träumt, hat der Körper nicht viel! Auch die besten guten Vorsätze sind wenig effektiv, wenn sie nicht ausgeführt werden.

Nun sind diese guten Dinge mit dem Beigeschmack verbunden, sie könnten Spaß machen (stimmt!) und daher für manche Christen im Bereich fleischlicher Lüste anzusiedeln. Seien Sie ganz beruhigt: »Fleischliche Lüste« sind nicht die Dinge, die Freude machen und uns gut tun, sondern solche, die uns binden, unfrei machen, uns in der Entwicklung unserer Persönlichkeit hindern und in der Entwicklung und der Beziehung zu Gott und anderen Menschen hemmen, also das, was die Bibel auch Sünde nennt. Und außerdem dient die Ausbeutung des eigenen Körpers – von extremen Ausnahmen abgesehen – nicht der Sache Gottes (auch wenn es oft so deklariert wird), sondern in der Regel der Sucht nach Selbstbestätigung, dem Zwang, sich ständig wichtig zu machen, dem Gefühl moralischer Überlegenheit, der Habsucht, der eigenen Macht usw. – also ganz

> Zum Christsein gehört beides: die Fähigkeit, Frustration zu ertragen, und das fröhliche Genießen von Gottes guter Schöpfung, zu der auch wir selber gehören.

und gar egoistischen Motiven. Mit anderen Worten: Nur weil etwas Freude macht, ist es noch lange keine Sünde. Und nur, weil etwas mit Frust verbunden ist, ist es noch lange nicht moralisch gut. Zum Christsein gehört beides: die Fähigkeit, Frustration zu ertragen, und das fröhliche Genießen von Gottes guter Schöpfung, zu der auch wir selber gehören.

Psychohygiene – auch die Seele will gepflegt sein

Neben einer guten Körperwahrnehmung als Schlüssel zum psychischen Geschehen und dem Aspekt einer umfassenden Körperpflege gibt es natürlich auch viele psychische Elemente, die das Wohlbefinden fördern oder stören können. Viele Menschen sind mit sich unglücklich, weil sie sich psychisch vernachlässigen. Psychische Gesundheitspflege (»Psychohygiene«) ist aber ebenso wichtig wie Zähneputzen, wenn man gesund bleiben will.

Was gehört zur Psychohygiene? Im Großen und Ganzen alles, was zu tun hat mit:
– Gedanken und Überzeugungen, Wahrnehmen und Interpretieren der eigenen Umwelt;
– Gefühle erleben und ausdrücken;
– zwischenmenschlichen Beziehungen;
– dem Umgang mit der eigenen Lebensgeschichte.

Gesundes Denken unterscheidet sich vom ungesunden dadurch, dass es differenziert und realistisch ist. Überzeugungen, die »schwarz-weiß« sind oder zur ständigen Reibung mit der Wirklichkeit führen, machen schnell müde und setzen unerreichbare Erwartungen. In anderen Worten: Es gilt, nicht »kindlich und unreif« zu denken, sondern erwachsen. Primitive Überzeugungen führen immer in die Enge, weil das Leben kompliziert ist und vereinfachendes Denken die Probleme nicht lösen kann, auch wenn es ein Gefühl der Erleichterung verschafft. Dieterich (1988) nennt die folgenden besonders häufigen Fehlüberzeugungen:

Es gilt, nicht »kindlich und unreif« zu denken, sondern erwachsen.

Nr. 1: Jeder sollte mich mögen, bejahen, lieben. Besonders diejenigen, die mir viel bedeuten.

Nr. 2: Ich muss alles gut und richtig machen, sonst tue ich besser gar nichts oder warte, bis ich es richtig machen kann.

Nr. 3: Bevor ich (und andere) mich wertschätzen, muss ich alles können und erfolgreich sein.

Nr. 4: Ich kann meinen Lebensweg nicht beeinflussen, andere Menschen und Umstände bestimmen ihn.

Nr. 5: Erfahrungen der Vergangenheit sind unabänderlich.

Nr. 6: Es gibt nur eine wahre Lösung für ein Problem – wenn ich sie nicht finde, bin ich verloren.

Nr. 7: Ich muss jeden um mich herum glücklich machen, sonst stimmt mit mir etwas nicht.

Nr. 8: Ich bin verantwortlich dafür, dass alle Irrtümer dieser Welt berichtigt, dass alle Probleme gelöst werden.

Jede dieser irrigen Überzeugungen existiert auch in verschiedenen scheinbar frommen Varianten, so z. B. die Nr. 1 als »Ich muss immer ein gutes Zeugnis sein«, Nr. 2 als »Für Jesus ist nur das Beste gut genug«, Nr. 3 als »Nur mit großen Gaben werde ich in der Gemeinde gut ankommen«, Nr. 4 als »Jesus muss alles machen, ich kann ja doch nichts«, Nr. 5 als »Man kann doch nichts daran ändern – Hauptsache, es ist vergeben ...«, Nr. 6 als »Die Bibel sieht das ganz klar so ... (und ich habe Recht; wehe den Andersdenkenden!)«, Nr. 7 als »Wenn Jesus mein Leben bestimmt, strahle ich immer seine Liebe aus und mache andere Menschen glücklich« und Nr. 8 als »Wenn ich die Fehler anderer Menschen nicht zu meiner Angelegenheit mache, dulde ich Sünde und mache mich mitschuldig«. Oft werden diese Überzeugungen dann auch mit einseitig herausgesuchten Bibelzitaten untermauert; biblische Aussagen, die diese Einseitigkeit in Frage stellen könnten, werden ignoriert.

Auch das direkte Gegenteil dieser irrigen Annahmen ist oft nicht besser: Schwarz durch weiß zu ersetzen macht die Welt nicht farbig. Es geht also darum, Überzeugungen zu gewinnen, die eine differenzierte Sicht der Welt zulassen und es ermöglichen, Spannungen und Widersprüche auszuhalten. Je weiter ein Mensch in seinem Denken entwickelt ist, desto eher ist er in der Lage, unterschiedliche Gesichtspunkte und andere Meinungen zu verstehen. Das heißt nicht, dass man einem x-beliebigen Pluralismus frönt, nach dem Motto: »Alle haben Recht und nichts ist wirklich wahr.« (Auch dies ist eine schwarz-weiße, einseitige Aussage.) Aber: Seelisch reife Menschen wissen, dass die eigene Sichtweise maßgeblich durch die eigene Lebensgeschichte und subjektive Erfahrungen bestimmt wird und nicht ausschließlich durch »die Realität«. Deshalb haben sie Respekt vor den Sichtweisen der anderen.

Die Korrekturen, die man den »irrigen Annahmen« entgegensetzen kann, lauten also z.B. so:

Nr. 1: Es wird immer auch Menschen geben, die mich nicht mögen. Das liegt in der Natur der Sache und ist o. k., auch wenn ich es gerne habe, gemocht zu werden.

Nr. 2: Ich darf Fehler machen. Das Menschliche ist wärmer als das Perfekte, und Perfektion kostet unglaublich viel Kraft und Energie.

Nr. 3: Wertschätzung und Leistung haben relativ wenig miteinander zu tun: Ich möchte gar nicht in erster Linie geliebt werden, weil ich spitze bin, sondern möglichst ohne Wenn und Aber.

Nr. 4: Es gibt zwar Umstände, die außerhalb meiner Kontrolle stehen und mein Leben manchmal sehr bestimmen können, aber im Großen und Ganzen hängt mein Erfolg und Misserfolg davon ab, wie ich handle.

Nr. 5: Wie ich mit meiner eigenen Geschichte umgehe, wie ich sie interpretiere und was sie für mich bedeutet, ist nicht festgelegt. Es gibt kein »Trauma der Vergangenheit«, das meine Zukunft festlegen kann.

Nr. 6: Für fast jedes Problem gibt es viele mehr oder weniger gute Lösungen: Ich brauche nicht unbedingt die beste; es reicht, wenn's funktioniert.

Nr. 7: Ich habe zwar einen Einfluss auf meine Mitmenschen, aber den sollte ich nicht überschätzen. Außerdem hat jeder ein Recht darauf, unglücklich sein zu dürfen.

Nr. 8: Wie andere Menschen handeln, ist in der Regel nicht meine Angelegenheit, aber ich bin frei, mich kritisch zu äußern, wenn es mir sinnvoll erscheint.

Diese Überzeugungen ersparen das Denken in der einzelnen Situation nicht, lassen aber Freiraum für sinnvolle und flexible Entscheidungen.

Außer dem Denken spielt der Umgang mit Gefühlen eine wichtige Rolle für die seelische Gesundheit. Und auch hier kann man auf beiden Seiten vom Pferd fallen: Es gibt Menschen, die lassen sich von ihren Gefühlen bestimmen und handeln dann überwiegend emotional und unreflektiert. Sie machen ihre Gefühle zum Maß aller Dinge. Oft lassen sie andere an ihren Gefühlen extrem offen teilhaben und haben kaum eine Privatsphäre. Sie sind daher leicht verletzbar, manipulieren aber auch, indem sie andere mit ihren Gefühlen unter Druck setzen.

Auf der anderen Seite gibt es Menschen, die sich ihrer Gefühle kaum bewusst sind und die dementsprechend auch kaum darüber reden. Das heißt natürlich nicht, dass ihre Entscheidungen nicht ebenfalls wesentlich von ihren Gefühlen beeinflusst werden. Sie wissen das nur selber nicht und begründen immer alles scheinbar rational. Sie setzen auf Vernunft und ignorieren die Motivation. Und sie verhalten sich oft abfällig gegenüber »emotionalen« Menschen.

Um Gefühle zu reflektieren, sie gut wahrzunehmen und ihre Bedeutung zu verstehen, brauchen Menschen Gespräche und Begegnungen mit anderen. Das erfordert Zeit und die Fähigkeit zuzuhören, sich einzufühlen, eigene Empfindungen zu äußern, Konflikte auszuhalten, Kompromisse zu schließen usw. Kurz: Guter Umgang mit Gefühlen ist nur möglich, wenn wir in guten Beziehungen mit anderen stehen. Das kann man in einem erheblichen Maß lernen. Also gehört es zur Psychohygiene, sich immer wieder in die Auseinandersetzung mit anderen zu begeben und immer neu »Beziehung zu lernen«. Gute Kommunikation ist nicht angeboren und wird auch nicht ein für allemal erworben. So ist z.B. die kommunikative Kompetenz, die man für den Umgang mit Jugendlichen braucht, eine andere, wenn man selber Teenager ist, als wenn man deren Elternteil ist – und jeder muss dementsprechend solche Kompetenzen immer neu erarbeiten.

> **Guter Umgang mit Gefühlen ist nur möglich, wenn wir in guten Beziehungen mit anderen stehen.**

Last but not least gehört zur Psychohygiene ein liebevoller Umgang mit der eigenen Lebensgeschichte. Es gibt keine Kindheit ohne Tragödien, aber auch kein Leben ohne Reichtümer gleich welcher Qualität. Viele Menschen vermeiden die Arbeit der eigenen Persönlichkeitsreifung, indem sie ihre eigene Vergangenheit bzw. die Mängel, die sie dort erlebt haben, für ihre gesamte Gegenwart verantwortlich machen. Auf der anderen Seite gibt es Menschen, die sich selber immer wieder für diese Mängel verantwortlich machen, sich schämen oder schuldig fühlen. Viele tun beides gleichzeitig: Sie fühlen sich verantwortlich und schuldig für das, was ihnen in der Kindheit passiert ist und übernehmen fast keine Verantwortung für das Ausmaß, in dem diese Kindheitserfahrung die eigene Gegenwart und Zukunft bestimmt.

Es gilt also wahrzunehmen, dass ich selber verantwortlich für meinen Umgang mit der Vergangenheit bin – also für den Einfluss, den sie auf mich heute hat –, aber nicht für die äußeren Lebensumstände und Handlungen anderer Menschen.

Im Zusammenhang mit dem, was andere in meinem Leben angerichtet haben, und dem, was ich selber verbockt habe, ist die Fähigkeit zur Vergebung ein wichtiger Aspekt der Vergangenheitsbewältigung und damit der psychischen Gesundheit. Vergebung von eigener und anderer Schuld ist dabei nicht nur ein geistliches Vorgehen, sondern durchaus auch ein innerweltlich zu verstehender, psychologischer Prozess. (Auch Menschen, die nicht religiös sind, können einander vergeben und leben damit besser, als wenn sie an den Verletzungen der Vergangenheit festhalten.)

Vergebung von eigener Schuld anzunehmen und die Fähigkeit, anderen zu vergeben, hängen zusammen – allerdings nicht so automatisch und hundertprozentig, wie manche das gerne hätten. Aber oft ist es so: Wer Schwierigkeiten hat, sich selber zu vergeben, macht auch anderen gegenüber heimlich oder offen immer wieder die gleichen Anschuldigungen und Vorwürfe. Und umgekehrt: Wer Vorwürfe gegen andere nicht loslassen kann, mag selbstgerecht eigene Vergehen erklären – aber dann zu glauben, dass mir selber von Gott bedingungslos vergeben wurde (also dass für einen selbst andere Regeln gelten als für andere), ist irgendwie inkonsequent. Wer sich dazu entscheidet, wirklich aus der Vergebung Gottes zu leben, wird deshalb in der Regel auch anderen diese Barmherzigkeit gönnen. Dabei mag es allerdings manchmal sehr viel schwieriger sein, die erwünschte Vergebung wirklich auch emotional zu empfinden. Was im Kopf passiert, rutscht noch lange nicht ins Herz. Die »Kopf-Entscheidung« zur Vergebung ist grundsätzlich wichtig, aber die Gefühle hinken dieser Entscheidung manchmal um Jahre hinterher. Oft liegt das am »Kopfkino«: Die Bilder und lebhaften Erinnerungen, die man mit einer Person verbindet, laufen immer wieder neu ab und wecken erniedrigende, verletzende oder beschämende Gefühle, so dass die alten Wunden immer neu aufgerissen werden. Gute sachliche Überzeugungen und theologische Richtigkeiten ändern da nur wenig. Die wiederkehrenden Bilder lösen starke Gefühle aus. Deshalb ist es auch nicht hilfreich, mit Überzeugungen (einschließlich Glaubensüberzeugungen) gegen solche Bilder anzugehen. Man sollte vielmehr diesen destruktiven Bildern andere Bilder entgegensetzen. Hier ein paar Beispiele:

Um die Beschämung über eigene Schuld loszulassen, stellen Sie sich z.B. immer wieder vor, wie der »Schuldbrief zerrissen« ist – in viele kleine Schnipsel. Klebestreifen zum Zusammenkleben gibt es nicht.

Ein anderes biblisches Bild: Die Schuld ist in die »tiefste Tiefe des Meeres versenkt«. Stellen Sie sich vor, wie die Schuld auf den Meeresboden in unerreichbare Tiefe absinkt.

Man kann sich auch eigene, neue Bilder und Erinnerungen schaffen, z.B., indem man das, was einen belastet und was vor Gott bekannt wurde, auf ein Papier schreibt und dieses dann verbrennt.

Auch wenn es darum geht, anderen Menschen etwas zu vergeben, sind Bilder oft hilfreich: An Stelle der immer wiederkehrenden Gedanken an verletzende Handlungen denke ich z.B. bewusst an eine gemeinsame schöne Begebenheit.

Oft gelingt dieses »Abgeben« von inneren Vorwürfen aber auch deswegen nicht, weil Christen sich gar nicht bewusst machen, dass sie – wenn sie vergeben – in der Tat ihre Vorwürfe nicht ins Nichts verschwinden lassen, sondern abgeben und übergeben: an den einen heiligen und barmherzigen Gott, dem alle Rache zusteht (zum biblischen Verständnis zwischenmenschlicher Vergebung gehört das Vertrauen in die Rache Gottes, vgl. Römer 12,18–20). Um Rachephantasien abzubauen, macht man sich deutlich, dass Gott selbst am

Ende ein gerechtes Gericht ausübt. Als Seelsorger habe ich oft erlebt, wie das Bewusstsein vom Gericht Gottes beim Opfer dazu führt, auch dem Täter die Barmherzigkeit Gottes zu wünschen.

Im Umgang mit der eigenen Lebenswirklichkeit gibt es natürlich nicht nur psychische Aspekte, sondern ebenso geistliche Erfahrungen. Ob eine Erfahrung wirklich geistlich ist oder doch eher emotional (also psychisch), ist dabei letzten Endes von außen niemals mit Sicherheit festzustellen. Die spirituellen Aspekte sind Teil der unsichtbaren Welt (Transzendenz) und prinzipiell nicht überprüfbar. Und doch bietet uns die Bibel viele Möglichkeiten an, zu geistlichen Erfahrungen zu kommen. Besonders wichtig ist das im Umgang mit Leid, sei es in der Vergangenheit oder in der Gegenwart. Dabei übersehen Christen häufig: Wer leidet, darf das im Gebet Gott klagen. Die Bibel enthält viele Klagegebete – nicht als Zeichen des ungläubigen, mit Gott und sich selbst hadernden Zweiflers, sondern als Ausdruck tiefer Verbundenheit eines Menschen mit einem Gott, den er nicht versteht und dessen Nähe er verzweifelt sucht.

Neben der Klage kennt die Bibel den Trost. Dieser findet sich in der Gemeinschaft mit anderen Christen, denen man vor Gott ehrlich begegnen kann. Im Gegensatz zu einem billigen Vertrösten bagatellisiert echter Trost das Leid nicht, sondern hält ihm stand. Noch ein Gedanke zum Umgang mit Schuld: Vergebung und Zuspruch werden im Beichtgespräch konkret und spürbar. Schade, dass in der Tradition mancher christlicher Gemeinden das Beichtgespräch nicht mehr praktiziert wird. Die Bibel fordert deutlich dazu auf (vgl.

Beichte ist eine Oase, in der ein belastendes Geheimnis verraten wird, das dadurch seine Macht verliert.

Jakobus 5,16). Beichte ist keine Demutsgeste, die dem bösen Oberwolf im Himmel die Halsschlagader darbietet (in der Hoffnung auf eine Beißhemmung), sondern eine Oase, in der ein belastendes Geheimnis verraten wird, das dadurch seine Macht verliert. Die Güte Gottes wird in Brot und Wein sichtbar und erlebbar, oft auch angesichts vieler offener Fragen. Und auch andere körperlich spürbare Segenshandlungen werden in der Gemeinde Jesu praktiziert und führen zu Erfahrungen der Wirklichkeit Gottes im persönlichen Leben des Gläubigen, wie die Salbung mit Öl oder das Gebet unter Handauflegung.

Aber, wie gesagt: Echte Spiritualität kann man nicht erzeugen, erzwingen oder an irgendwelchen Handlungen messen und überprüfen. Dass ein Mensch jeden Morgen seine »Stille Zeit« macht, kann ebenso gut Ausdruck einer zwanghaften Sozialisation in einer bestimmten christlichen Prägung sein, ohne dass dieser Mensch dabei wirklich eine Beziehung zu Gott haben mag, wie Ausdruck einer tiefen Liebes- und Vertrauensbeziehung zu ihm. Und natürlich kann sich eine geklärte Beziehung zu Gott einstellen, ohne dass man jemals einen Satz in der Bibel gelesen hat (ansonsten wären unsere überwiegend analphabetischen Mitchristen in der Vergangenheit und Gegenwart nur schlechte Christen).

Auch, wenn es vielen Leuten nicht passt: Es ist *nicht* die Hauptsache geistlichen Lebens, zu möglichst vielen spürbaren spirituellen Höhenflügen zu kommen – so sehr wir uns das auch wünschen mögen. In erster Linie geht es beim Glauben nicht um unsere subjektive Befindlichkeit, sondern um Erlösung, nicht um Heilung, sondern um Heil. Zu diesem Thema ist die Bibel durchzogen von einem roten Faden: Heil ist immer ganz und gar Geschenk Gottes, kann nicht verdient oder erarbeitet werden und beruht hundertprozentig auf der Gnade Gottes. Es ist nicht der Mensch, der sich mit Gott versöhnt (z.B. indem er durch religiöse Handlungen, Askese, Opferrituale und dergleichen Gott wohlgefällig stimmt), sondern es ist Gott selbst, der sich in Christus mit dem Menschen versöhnt (vgl. 2. Korinther 5,18-19). Das eigentliche geistliche Anliegen ist also, dass Menschen sich unter dem Kreuz Christi bergen und ewiges Leben bekommen – nicht, dass sie munter und fröhlich sind (wogegen Gott aber sicher

> In erster Linie geht es beim Glauben um Erlösung, nicht um Heilung, sondern um Heil.

nichts hat). Dass dieses ewige Leben bereits auf der Erde beginnt, bedeutet nicht, dass diese »Fülle des Lebens« uns aus den Begrenzungen und Schwachheiten unserer menschlichen Existenz herausnimmt. Nicht wenige Christen leben aber gerade mit dieser Erwartung, hören das auch immer wieder in Predigten, persönlichen Zeugnissen usw. bestätigt und verzweifeln fast daran, dass sie die Spannung zwischen ihrem Glauben (»mir muss es immer supergut gehen, wenn ich nah bei Jesus bin«) und dem Alltag (»mir geht's oft nicht so gut«) nicht aushalten können. Umgekehrt gibt es solche Christen, die alles wirklich Schöne und Gute »dermaleinst« im Jenseits suchen – und dementsprechend mit fest geschlossenen Augen an den diesseitigen Geschenken Gottes vorbeilaufen, um ihr persönliches Elend im Jammertal zu pflegen.

Also, zusammengefasst: Ich kann mich nicht gesund, munter und fröhlich glauben – nicht mit noch so viel Spiritualität, Gebet oder irgendwelchen religiösen Handlungen. *Denn darum geht es beim lebendigen Glauben an Jesus Christus gar nicht in erster Linie.* Leider ist es dagegen relativ einfach, sich krank und unglücklich zu glauben, nur ist das dann nicht Glaube im Sinne einer Heilsbeziehung zu Gott, sondern eher verdrehte religiöse Überzeugung. Und um solche geht es in den folgenden Kapiteln.

Teil II

Krank machende Normen

In diesem Kapitel geht es darum, dass Emotionen leider vielerorts als »gut« oder »schlecht«, wenn nicht sogar als »geistlich« oder »ungeistlich« verstanden werden. Das kann krank machen. Dieses Kapitel behauptet: Es gibt keine guten und schlechten Gefühle, auch keine guten und bösen, Gefühle sind Gefühle.

Kapitel 4

Die Zensur der eigenen Erfahrung oder: Wenn Gefühle nicht sein dürfen

In vielen christlichen Gemeinschaften gibt es Normen, die bestimmen, dass man sich auf bestimmte Art und Weise zu fühlen habe. Diese Normen werden in der Regel nicht als Regeln formuliert und weitergegeben, sondern mehr oder weniger subtil kommuniziert. Durch Bemerkungen »so nebenbei« wird »irgendwie« deutlich, dass es »bei uns überhaupt nicht gerne gesehen wird«, wenn man sich z.B. ärgert. Oder es wird durch Zeugnisse und Verkündigung deutlich, dass etwas mit mir nicht stimmt, wenn ich mich nicht freue. Auch durch Liedtexte kann das geschehen. Zum Beispiel haben viele Kinder früher oft gesungen: »Immer fröhlich, immer fröhlich, alle Tage Sonnenschein. Voller Schönheit ist der Weg des Lebens, fröhlich lasst uns immer sein!« So weit, so gut. Vor allem, wenn es etwas pfiffig kommt, singen Kinder so etwas ja gerne. Aber nun folgt die Strophe: »Wenn wir uns von Ihm abwenden, wird es dunkel um uns her, unser Gang ist nicht mehr sicher, unser Weg wird freudenleer.«

Ein Kind dreht diesen Satz um und folgert: Wenn ich nicht fröhlich bin, wenn es dunkel um mich her ist, wenn ich mich unsicher fühle, wenn ich Angst habe – dann habe ich mich von Jesus abgewendet. Und was es heißt, sich von Jesus abzuwenden, ist schrecklich: Man kommt in die Hölle. Aber ich fühle mich doch oft unsicher, habe Angst und bin nicht immer fröhlich! »Du darfst dich

nicht unsicher fühlen, du darfst keine Angst haben, du darfst bestimmte Gefühle gar nicht haben« – dieses Empfinden kann zu Psychoterror werden. Solche und ähnliche Suggestionen sind einer der Gründe, warum Christen bestimmter Prägungen häufiger Angststörungen und Depressionen haben. Bei diesen ungesunden Normen wird nicht unterschieden zwischen den weltlichen Dingen, die einfach menschlich sind und zur Schöpfung gehören, und dem, was geistlich ist. Jedes Gefühl von

> »Du darfst dich nicht unsicher fühlen, du darfst keine Angst haben, du darfst bestimmte Gefühle gar nicht haben« – dieses Empfinden kann zu Psychoterror werden.

Angst, Ärger, Wut, Freude, Trauer, Spannung usw. ist ein Signal. Kein Gefühl ist an sich gut oder schlecht, sondern es ist zuerst einmal einfach da und will zu etwas motivieren: Angst motiviert Vermeidung, Freude motiviert Wiederholung, Trauer motiviert Rückzug, Ärger motiviert Selbstschutz, und so weiter. Gesunde Gefühle entstehen durch eine realistische Wahrnehmung und Interpretation der Umwelt und motivieren dann zu den Verhalten, die in einer Situation sinnvoll sind. Gestörte Gefühle sind solche, die entweder ständig falschen Alarm geben (z.B. bei einer Depression, bei der – ohne wirklichen Bezug zur Realität – häufig Trauer und Rückzugsverhalten vorkommen), oder solche, die fehlen und daher einen nötigen Alarm nicht geben. Das heißt also: Ob Gefühle gesund sind oder nicht, hängt nicht von der Art und Qualität dieser Gefühle ab, sondern davon, ob sie realistisch sind und das Richtige signalisieren.

Wenn Sie z.B. keine Angst hätten, könnten Sie dieses Buch jetzt gar nicht lesen – denn Sie hätten sich mit Ihrem ersten Dreirädchen umgebracht. Die Welt ist zu gefährlich, um keine Angst zu haben: Angst ist ein lebensrettendes Gefühl. Sie hindert uns daran, groben Unfug zu machen oder gefährliche Dinge zu tun. In unserer Gesellschaft sind es besonders die Jungen, die relativ schnell lernen, dass es sich nicht gebührt Angst zu haben. Sie kommen, wenn sie dann ihren Führerschein gemacht haben, in ihren Autos dann auch x-mal häufiger um als Mädchen oder junge Frauen.

Und warum? Weil sie eben als kleine Jungen gelernt haben: Angst haben ist lächerlich und unmännlich. Und dann überholen sie mit 140 km/h bei regennasser Straße in einer unübersichtlichen Kurve mit ihrem GTI, weil sie ja keine Angst haben. Selbstverständlich ist Angst weder maskulin noch feminin, weder gut noch böse, sie ist erst recht kein eigentlich geistliches oder ungeistliches Empfinden. Angst ist ein Mechanismus, den uns der Schöpfer gegeben hat, damit wir trotz vieler Gefahren überleben können.

Nun wird aber dieses Gefühl der Angst an sich oft als ein Zeichen des Unglaubens gedeutet. Wenn es in einem Kinderlied der jetzigen Generation heißt: »Wer hat Angst vorm Zahnarzt? Vielleicht die Elke oder Fritz ... Ich nicht, ich nicht, denn Gott ist immer bei mir!«, ist das ein Paradebeispiel für diese Art der Gefühlsverdrehung: Wer beim Zahnarzt mit Schmerzen rechnen muss und diese auch schon erlebt hat, hat selbstverständlich Angst. Das hat mit Gottes Gegenwart überhaupt nichts zu tun. Wer diese Art der Verkündigung wirklich ernst nimmt und glaubt, kommt über kurz oder lang zwingend zu dem Schluss, dass entweder die eigene Gefühlswelt oder die Sache mit Gott einfach nicht stimmt. Das Ergebnis: Die Angst bleibt, macht aber nun zusätzlich mehr Angst – Angst vor Gott und Angst vor dem eigenen Erleben. Die Angst vor der Angst ist aber die Dynamik neurotischer Angststörungen. Da helfen »am besten« Alkohol und Pillen; Sucht ist also ebenfalls vorprogrammiert.

Ein anderes Beispiel ist der Ärger. Damit haben viele Christen Schwierigkeiten. »Klar: Jesus war ärgerlich, das weiß jeder, aber das war natürlich ein heiliger Zorn. Ich darf das nicht.«

So ein Unsinn! Wenn Sie nicht gelernt haben, sich zu ärgern, dann darf ich Ihnen einen Rat geben: *Heiraten Sie bitte nicht, und lassen Sie sich auch auf keine andere echte Beziehung ein. Werden Sie Einsiedler!* Alles andere ist zu gefährlich.

Ärger ist eine lebensnotwendige Emotion. Sobald Sie sich in Beziehung mit anderen Menschen begeben, wird es Verletzungen geben. Wer nicht gelernt hat, sich zu ärgern, macht sich selber Vorwürfe, anstatt sich auseinander zu setzen. Das heißt, man spürt den Ärger nicht mehr – und wenn man ihn nicht spürt, kann man sich nicht vor Verletzungen schützen. Man muss daher Konflikte um jeden Preis vermeiden und kann in Beziehungen eigentlich nicht überleben.

Die Frage ist also nicht, ob ich mich ärgern darf oder nicht, sondern: Wie gehe ich mit dem Ärger um? Destruktiv ist, den anderen aggressiv fertig zu machen oder zu zerstören. Destruktiv – selbstzerstörerisch – ist natürlich auch, den Ärger zu ignorieren. Frauen werden im Verhältnis 7:4 häufiger depressiv als Männer. Dies hat mit ihrer Biologie nichts zu tun, auch nicht mit Hormonen, Monatsrhythmen usw. Frauen werden in erster Linie häufiger depressiv, weil sie in ihrer Erziehung immer noch lernen, dass Ärger ein unfeminines Empfinden ist, das sich besonders für Frauen nicht gehört. (Nachzulesen in einer großen Metastudie, in der die bisher bekannten Untersuchungen zu den Ursachen weiblicher Depression zusammengefasst wurden und die von der amerikanischen Psychologenvereinigung unter dem Titel *Women and Depression* herausgegeben wurde.) Neben dem aggressiven und dem depressiven Umgang mit Ärger gibt es auch die Möglichkeit, ehrlich und respektvoll zu streiten und Konflikte auszutragen, ohne dabei den anderen kaputtmachen zu wollen.

Auch viele andere emotionale Erlebnisse werden häufig positiv oder negativ bewertet. Die Emotion von Zufriedenheit und innerer Ruhe wird z.B. verwechselt mit dem »Frieden Gottes«. Dieser ist eine durch Jesus Christus am Kreuz errungene »juristische Tatsache«: Gott lässt seine Vorwürfe gegen uns fallen, er verzichtet auf Vergeltung – Gott selbst schafft Sühne für unsere Schuld. Dieser »Friede Gottes«, der in der Bibel häufig erwähnt wird, hat aber nichts mit dem Gefühl innerer Ruhe zu tun. Der göttliche Friede führt, ganz im Gegenteil, oft zum inneren Feuer, zum Aufruhr. Andererseits bedeutet die Emotion »innere Ruhe« natürlich auch nicht automatisch die »lauwarme innere Haltung«, die Gott zum Erbrechen findet (Offenbarung 3,16). Was ein Gefühl wirklich signalisiert, kann man erst entscheiden, wenn man es wahrnimmt und reflektiert.

Da gibt es dann z.B. auch noch das Gegenteil von »immer fröhlich, immer fröhlich ...« – genauso schädlich: »Wenn du dich freust – pass ja auf! Wer hoch sitzt, fällt tief.« Erlebte Fröhlichkeit wird hier als Frivolität gedeutet – und die hat Jesus nicht gerne. Ein Prediger betont: »Wir lesen in der Bibel keinmal, dass der Herr Jesus gelacht hat.« (Wir lesen aber auch nicht, dass das Lachen erst nach dem Sündenfall in die Welt kam ...) Kein Wunder, wenn durch solche Prägungen traurige, gehemmte und ängstliche Menschen herangezogen werden. Mit dem Evangelium und der Nachfolge Jesu Christi hat diese Zensur der Gefühle nichts zu tun. Sie ist lediglich Ausdruck einer »frommen« Subkultur.

Also: *Alle Gefühle sind Signale.* Einem Menschen zu vermitteln: »Du solltest dieses oder jenes nicht *fühlen*«, ist genauso sinnvoll, wie jemanden vors Schienbein zu treten und zu sagen: »Ich hab es nicht böse gemeint, und nun fühle bitte keinen Schmerz.« Gefühle sind innere Reaktionen auf die Wahrnehmung äußerer Ereignisse. Ich kann natürlich »falsch fühlen«, weil ich meine Welt unrealistisch wahrnehme. Und ich kann »falsch fühlen«, weil ich leider gelernt habe, bestimmte Gefühle einfach nicht mehr zu haben.

Mit dem Evangelium und der Nachfolge Jesu Christi hat die Zensur der Gefühle nichts zu tun. Sie ist lediglich Ausdruck einer »frommen« Subkultur.

Es ist zu beobachten, dass es in manchen christlichen Kreisen eine sehr deutliche Zensur der Gefühle gibt, dass z.B. Ärger, Angst oder Freude und Zufriedenheit »vergeistlicht« oder »verungeistlicht« werden. Das führt immer zu einer eingeschränkten Selbstwahrnehmung und damit zu einer verzerrten Wahrnehmung der inneren wie äußeren Wirklichkeit.

Gefühle sind Gefühle. Sie sind innere Reaktionen, keine Handlungen. Deswegen können sie auch nicht Schuld sein – wohl aber Schuld aufzeigen und auch zu schuldhaftem Verhalten motivieren. Gefühle können gute Klärungen bewirken oder Beziehungen beeinträchtigen. Die Frage ist also: Kann ich sie wahrnehmen? Und: Was mache ich mit ihnen?

Ein ausgewogenes Verhältnis von Dienst und Genuss, von Arbeit und Entspannung droht vielen christlichen Gemeinschaften abhanden zu kommen. Die Gemeinde teilt sich dann immer mehr in die, die sich kümmern (und erschöpft bis zum Umfallen weiterkämpfen), und in die, die von ihnen bekümmert werden (und deswegen oft bekümmert sind). Wer nicht Pause machen kann, wird krank. Wer nicht arbeiten darf, ebenso.

Kapitel 5

Immer mehr Leute tun immer weniger und immer weniger Leute tun immer mehr

Da liegt er, mitten zwischen den Salatpflanzen, Sonnenbrille auf der Nase, und bläst Löwenzahnsamen in den Wind. Dabei müsste der Salat dringend pikiert werden. Und heute Abend ist Bibelstunde, auf die müsste er sich doch eigentlich auch noch vorbereiten. Na, es geht auch ohne ... ausnahmsweise, natürlich. Irgendeine »Konserve« hat er schon noch im Regal ...

Für manche ist solch ein Mensch beneidenswert. Anderen kommt der Gedanke: Wie kann man nur so faul und verantwortungslos sein! Es gibt gar nicht wenige Christen, für die dieser Tagträumer der Inbegriff des Sünders ist (auch wenn sie es vielleicht nicht zugeben). Ihr Lieblingslied ist »Auf, denn die Nacht wird kommen ...«, ihr Christsein zeigt sich in stetiger Tätigkeit für den Herrn, immer sind sie unterwegs, beschäftigt mit unheimlich wichtigen Aufgaben. Wenn sie nicht wären, stünde Jesus mit seinen hohen Ambitionen ganz schön auf dem Schlauch.

Und dann gibt es andere, bei denen gilt das Gegenteil: Sollen doch die anderen den Zwetschgenkuchen für den Seniorenkreis backen. Das ist ja nun wirklich nicht auch noch meine Aufgabe, außerdem muss ich unbedingt noch ins Fitness-Studio und danach habe ich mich mit einem Freund zum Kino verabredet. Außerdem habe ich so was noch nie gemacht, und die Schriftlesung am Sonntag im Gottesdienst überfordert mich einfach – ich könnte vielleicht schon, aber eigentlich habe ich keine Lust ... Und dann kommt die absolute Killerphrase: Es wäre ja irgendwie geheuchelt, wenn ich eine Sache täte, die ich gar nicht wirklich gerne mache.

Deshalb kann ich es mit meinem Gewissen nicht vereinbaren, mich zu überwinden ...

Ein unausgewogenes Verhältnis von Arbeit und Ruhe, von Anstrengung und Entspannung, von Dienst und Genuss macht krank. Und zwar beide Seiten: die, die ständig rotieren, wie die, die ihr Leben auf der Couch vor dem Fernseher verbringen. Denn erstens verstärken sich die beiden Seiten gegenseitig, und zweitens leben beide Seiten nicht so, wie es dem Menschen von Gottes Schöpfung her entspricht.

> Ein unausgewogenes Verhältnis von Arbeit und Ruhe, von Anstrengung und Entspannung, von Dienst und Genuss macht krank.

Ich glaube, ein bisschen mehr Schuld tragen die Überaktiven. Natürlich haben sie die besseren Ausreden: »Sie wissen das ja selber, wenn Sie in einer christlichen Gemeinschaft engagiert sind, gibt es immer so viel zu tun – Posaunenchor, Jugendleitung, Arbeitskreise ... Und natürlich ist der Sonntag alles andere als ein Ruhetag, eher der Hauptstresstag der Woche.« Aber sie tun und machen – und nehmen den anderen die Aufgaben weg. Und sie sind als abschreckendes Beispiel für die anderen der beste Grund, sich zu verstecken, wenn Aufgaben verteilt werden. Man sieht ja, wie müde und abgehetzt sie durchs Leben jagen. Und natürlich können sie alles besser – denn für fast alles gilt, dass Übung den Meister macht. Die Trägen können gar nicht so schnell so gut werden, dass sie den Überaktiven das Wasser reichen, die die Arbeit längst selber anpacken und dabei jammern: »Ja, wenn man nicht alles selber macht ...«

Sie messen ihren Glauben immer wieder an ihren Leistungen und fühlen sich so ständig den »spirituellen Puls« – aber an der ganz falschen Stelle. Was sagt Jesus den siebzig Missionaren, die begeistert von ihrem eigenen Erfolg zurückkehren? »Doch freut euch nicht darüber, dass euch die Geister unterworfen sind; freut euch vielmehr, dass eure Namen im Himmel angeschrieben sind!« (Lukas 10,20). Definiert euch nicht durch das, was durch euch geschieht, sondern identifiziert euch mit dem, was an euch geschehen ist! Viele nimmermüde Mitarbeiter haben es einfach nicht begriffen: Gott will nicht zuerst ihren Dienst, er will sie selber.

Das am wenigsten bekannte Gleichnis Jesu scheint mir das »Gleichnis vom schlafenden Sämann« (Markus 4,26ff) zu sein. Wie bezeichnend, denn hier geht es darum, dass der Bauer ins Bett geht und schläft, weil er weiß, dass die Saat von selber wächst. Und die Aufforderung Jesu, angesichts der zur Ernte reifen Felder zuerst einmal den Herrn der Ernte um Arbeiter zu bitten und nicht gleich selber die Ärmel aufzukrempeln und loszulegen, wird auch nur selten beherzigt (vgl. Matthäus 9,37ff).

Sicher ist es ja auch so, dass in vielen Gemeinden die Fähigkeit zum Pause-Machen nicht gerade als ein Zeichen geistlicher und menschlicher Reife gesehen wird. Ein Pfarrer hat mir einmal gesagt: »Sie haben gut reden! Den Montag heiligen?! Wissen Sie, was passiert, wenn Sie am Montag einfach durch den Ort gehen und einen Spaziergang machen? Wie die alle gucken? Ins Freibad gehe ich nur in den Nachbarort, wo mich keiner kennt. Und jemandem zu sagen, ich möchte heute ins Freibad gehen und keine Seelsorge machen ...? Ich darf eine Aufgabe nur ablehnen, wenn eine noch wichtigere wartet. Würden Sie denn sagen: ›Nein, ich will nicht, heute Nachmittag nehme ich mir frei zum Spazierengehen!‹?«

Immer beschäftigt zu sein ist krank machend und ungeistlich. Meistens ist es mit einer inneren Haltung verbunden, die die eigene Person für unersetzbar hält bzw. dafür sorgt, dass sie es wird. Christliches Heldentum. Nach den Normen der Bibel ist es Sünde, aber in den sozialen Normen vieler Gemeinschaften ist es gut.

In der therapeutischen Seelsorge mit depressiven Menschen empfehle ich dringend, regelmäßig zügig spazieren zu gehen – mindestens dreimal pro Woche eine halbe Stunde und sonntags eine ganze. Das wirkt erwiesenermaßen antidepressiv. Bei Christen kommt es leider regelmäßig vor, dass sie sich schämen, in der Woche untätig zu sein, wenn sie doch nicht körperlich krank sind. Je erschöpfter sie sind, desto schwieriger wird es offensichtlich, sich von der ewigen Pflichterfüllung loszureißen.

Wir brauchen nicht nur regelmäßige Pausen, sondern auch ein ausgewogenes Verhältnis zwischen Dienst und Genuss. Doch es gibt viele Christen, die gelernt haben, dass Genuss etwas Böses ist.

Wer genießen kann, kann auch besser arbeiten. Wer nicht genießen kann, kann auch nicht wirklich verzichten. Wer nicht genießen kann, kann nicht schenken, weil er gar nichts zu verschenken hat – er *muss* ja immer alles geben. Geschenke sind freiwillig.

In der Seelsorge mit depressiven Christen macht man auch hier interessante Erfahrungen. Da bekommt eine sehr depressive Frau im Rahmen eines Genusstrainings zur Hausaufgabe, sich drei edle Konditoreipralinen zu kaufen. Die teuren, die 2,40 DM das Stück kosten. Langsam auf der Zunge zergehen lassen und den Geschmack erleben, wie er sich so langsam entwickelt, immer stärker wird und schließlich langsam nachlässt ...

In der nächsten Woche kommt sie zum Gespräch – Hausaufgabe nicht gemacht. »Wissen Sie, wir haben noch die alten Weinbrandbohnen von Weihnachten neunzehnhundertirgendwann im Schrank und die müssen wir doch zuerst essen, man darf doch nichts wegwerfen ...« So viel steht fest: Mit Genusstraining haben diese Pralinen nichts mehr zu tun. Also die gleiche Hausaufgabe noch einmal. In der nächsten Woche hatte sie die Pralinen wirklich gekauft! ... und an die Nachbarin verschenkt. »Sie hatte doch Geburtstag ...« Also ein dritter Versuch. Der innere Widerstand gegen Genuss und die damit verbundenen Schuldgefühle waren enorm, aber sie wurden im Lauf der Zeit überwunden.

Ein ausgewogenes Verhältnis heißt aber auch, dass das Leben nicht gelingt, wenn alles »fun and games« ist. Es ist in unserer heutigen Gesellschaft ein unglaublich starker Trend, dass alles Spaß machen muss. Und auch diese Norm, so scheint mir, setzt sich in manchen christlichen Kreisen immer stärker durch. Gottesdienste müssen Spaß machen – und wenn das nicht so ist, dann ist es auch nicht geistlich. Ein Jugendkreis, der nicht immer Spaß macht, ist auch nicht gut. Diese Norm ist genauso krank machend wie die, dass Spaß verboten ist. Sie setzt nicht nur unerreichbare Maßstäbe, sondern es gibt auch einen tieferen Grund, warum die »Spaßkultur« immer auch eine depressive Kultur ist: Ein Leben, was nur dem Spaß dient, macht wenig Sinn. Und dass die Sinnleere ebenso zu Depressionen führen kann wie die Erschöpfung, ist unbestritten.

Es ist in unserer heutigen Gesellschaft ein unglaublich starker Trend, dass alles Spaß machen muss. Und auch diese Norm, so scheint mir, setzt sich in manchen christlichen Kreisen immer stärker durch.

Es gibt u.a. einen Ansatz zur Psychotherapie (die von Victor Frankl gegründete Logotherapie), die auf dieser Erkenntnis basiert und nichts anderes anstrebt, als dem psychisch gestörten Menschen zur Entdeckung eines Lebenssinns zu verhelfen. Victor Frankl vergleicht den gesunden Menschen mit einem gesunden Auge, welches sich eben dadurch auszeichnet, dass es nicht sich selbst sieht, sondern das, was außen ist. So sind Menschen, die nur sich selber im Blick haben, ständig auf der Suche nach Glück – und finden es gerade deswegen nicht. Denn, so Frankl: Wirkliches Glück gibt es nur als »Nebeneffekt« beim Streben nach Sinn. Für Christen eigentlich nichts Neues, denn auch Jesus macht deutlich, dass sich der selber findet, der sich selbst verliert.

Zusammengefasst: Es gibt eine gesunde Mitte, in der ein gutes Gleichgewicht besteht. Wer sich in dieser Mitte befindet, trägt nicht die Last der Welt auf seinen Schultern, aber traumtänzelt auch nicht an den Bedürfnissen der anderen vorbei. In dieser Mitte gibt es Spannung und Entspannung. Gelebter Glaube im Sinne der Christusnachfolge bestimmt den Alltag – aber nicht, weil Jesus uns so dringend braucht, sondern weil wir ihn so dringend brauchen. In dieser Mitte gehört zum Leben ein gutes Stück Überwindung, aber es besteht nicht daraus. Um diese Mitte zu finden, brauchen wir ehrliche Selbsterkenntnis und den Mut, bestehendes Ungleichgewicht zu verändern.

Manche Christen sind entscheidungsschwach und denkfaul – und haben diese sehr menschlichen Fehler als Gottvertrauen deklariert. Andere meinen, sie müssten immer alles selber machen und haben das Hören auf Gott (und andere) verlernt. Auf Gott zu hören und dabei den eigenen Weg zu gehen ist kein Widerspruch – weil Gott unsere Wege mit uns gehen möchte. Geführt werden und Verantwortung übernehmen: beides gehört zum Glauben.

Kapitel 6

Eigeninitiative kontra Gottvertrauen?

»Da bist du wohl doch eigene Wege gegangen!?«, sagt ein Seelsorger mit besorgtem Blick und leicht vorwurfsvollem Ton. Die erwünschten Schuldgefühle bleiben nicht aus – hat doch der junge Mann, der ihm gegenübersitzt, offensichtlich bei der vor kurzem zu Bruch gegangenen Beziehung nicht die richtige Partnerin herausgesucht. Und dabei klebt sogar auf seiner Aktentasche ein Sticker: »Gott hat einen Plan für dein Leben!« Wie konnte er sich, so fragt er sich selber, so weit von Gott entfernen! Irgendwie hätte er doch wissen müssen, dass das nicht der richtige Weg war. Und dabei hat er gebetet, Gott um innere Klarheit gebeten und sogar gemeint, diese zu haben. Und nun ist alles falsch gewesen.

Er denkt an die biblische Geschichte von Isaak und Rebekka. Da war es doch so einfach: Der Herr gab ein Zeichen und die Sache war klar.

Viele Christen glauben, dass man Alltagsprobleme immer lösen kann: mit dem direkten Draht nach oben. Viele haben ein Verständnis von »Führung«, das davon ausgeht, im Grunde genommen sei jede Entscheidung und jede Handlung im Leben entweder richtig oder falsch – das heißt, im Willen Gottes oder außerhalb seines Willens. Etwas überspitzt gesagt: Du musst jetzt in die Stille gehen und herausfinden, ob du Leberwurst oder Käse aufs Brot essen sollst.

Es muss dir »irgendwie innerlich klar« werden. Und natürlich ganz besonders bei wichtigen Entscheidungen: Es muss dir innerlich klar sein, ob du jenen Ehepartner heiratest oder einen anderen. Es muss dir innerlich klar werden, welchen Beruf du wählen sollst, und einfach so Missionar zu werden (z.B. weil es in der Bibel steht, dass wir dazu berufen sind), ist völlig undenkbar – dazu braucht man eine ganz besondere Berufung! Und, wenn man manchen persönlichen Zeugnissen Glauben schenkt, scheint Gott in der Regel so zu berufen, wie man es selber nun ganz und gar nicht gewollt, geschweige denn jemals geplant hätte! (Ich traue diesen Zeugnissen im Übrigen eher nicht, sondern bin mir ziemlich sicher, dass hier Wichtigtuerei und Selbstmitleid zu einem Selbstbetrug führen. Doch egal, ob diese Menschen sich etwas in die eigene Tasche lügen – glücklicherweise steht in meiner Bibel nichts von lupenreinen Motiven und perfekten Christen, mit denen Gott sein Reich bauen möchte ...)

Pastor, Missionar oder Evangelist – wie können das Menschen sein, die einfach sagen: »Ja, dieser Beruf gefällt mir, ich habe da meine Gaben. Und die Gemeinschaft tut mir auch gut. Und was Besseres ist mir, ehrlich gesagt, nicht eingefallen ...« Muss man da nicht fest überzeugt sein: »Ich tue das ganz und gar nur, weil ich dem Herrn dienen möchte«?

Ich möchte Sie herausfordern, diese Glaubensüberzeugungen an der Bibel zu überprüfen. Der Prozess des »Innerlich-klar-Werdens« kommt in der Bibel nämlich überhaupt gar nicht vor. An keiner Stelle. Für Sie und mich gilt in erster Linie das, was immer und für alle gilt, nämlich: die Aussagen der Bibel bei Entscheidungen im persönlichen Lebensalltag ernst zu nehmen – die Zehn Gebote, berufen sein zu guten Werken, berufen sein zum Frieden, berufen sein zur Verkündigung des Evangeliums, usw. Und natürlich sind wir alle eingebettet in die Schöpfung und ein Teil von ihr, so dass es sinnvoll ist, ihre Regeln und Ordnungen zu verstehen und zu berücksichtigen. Die Bibel nennt dies »Weisheit«.

Wenn in der Bibel eine persönliche Beauftragung über diese

»allgemeine Berufung« hinausgeht, gibt Gott klare Weisungen. Dann erscheint ein Engel und sagt: »Fürchte dich nicht ...« Oder jemand hat eine Vision. Oder Gott selbst redet zu der Person, die er beauftragt. In jedem Fall ist das Reden Gottes in diesen Fällen immer ganz eindeutig und niemals mit subjektiver Erfahrung zu erklären. Manche Leute tun so, als ob Abraham seinen Nachbarn in Ur erzählt hätte: »Wisst ihr, also es ist ganz komisch – in letzter Zeit habe ich immer wieder an Kanaan denken müssen – und neulich mach ich das Radio an, und da erzählt doch so ein Typ schon wieder von Kanaan – also irgendwie wird es mir ganz deutlich: Gott möchte, dass ich nach Kanaan gehe.« Sorry – aber so war's nicht! Gott selbst erschien Abraham und beauftragte ihn: »Gehe in ein Land, ... das ich dir zeigen werde« (1. Mose 12).

> Die Tatsache, dass Gott redet, uns führt und unser Leben in der Hand hat, bedeutet doch nicht, dass er uns unsere Entscheidungen abnimmt, oder dass sich seine Führung nicht gerade in diesen »eigenen« Entscheidungen, Wünschen und Gefühlen auswirkt.

Gibt es einen solchen Gott, der redet, dann heute nicht mehr? Doch, selbstverständlich. Gott redet durch den Heiligen Geist, der in uns lebt, wenn wir zu ihm gehören. Gott führt uns, indem er Türen öffnet und schließt, und selbstverständlich kann Gott auch unsere Gedanken und Wünsche lenken. Und meistens erkennen wir erst im Nachhinein, wie Gottes Führung sich als roter Faden im Leben zeigt. Aber die Tatsache, dass Gott redet, uns führt und unser Leben in der Hand hat, bedeutet doch nicht, dass er uns unsere Entscheidungen abnimmt, oder dass sich seine Führung nicht gerade in diesen »eigenen« Entscheidungen, Wünschen und Gefühlen auswirkt. Auf alle Fälle gibt es mehr Entscheidungen, die wir einfach auf der Basis von Verantwortung und Vernunft abwägen und eigenverantwortlich fällen müssen, die nicht »richtig« oder »falsch« sind, schon gar nicht »gehorsam« oder »ungehorsam«, sondern vielleicht ein wenig besser oder schlechter, vielleicht auch am Ende manchmal egal.

Selbst wichtige Entscheidungen – welchen Beruf man ergreifen soll, wen man heiratet usw. – werden in der Bibel normalerweise nicht von Gott vorgegeben. Isaak und Rebekka sind die ganz besondere Ausnahme, und deswegen werden sie erwähnt. Und es ist ein sehr kleiner Kreis von Führern des Volkes Gottes, denen Gott solche persönlichen Weisungen gibt: im Alten Testament Königen und Propheten, im neuen Testament den Aposteln. Otto Normalverbraucher kriegt von Gott nicht gesagt, wen er zu heiraten hat, wenn wir dem biblischen Zeugnis folgen. Und wenn Gott solche besonderen persönlichen Weisungen gibt, geht es niemals um das private Glück der betroffenen Personen, sondern immer um die Durchführung von Gottes Heilsplan. (Wenn Sie das Glück in der Ehe suchen und sich an Isaak und Rebekka orientieren möchten, würde ich Ihnen da eher abraten. Rebekka war eine der übelsten Ehefrauen, die in der Bibel erwähnt werden; sie verbündete sich mit dem jüngeren Sohn Jakob, um Isaak und Esau zu betrügen.) Es geht aber nicht um das private Eheglück von Isaak und Rebekka, auch nicht darum, dass Isaak die richtige Frau findet, die ihm seine Linsensuppe kocht. Es geht bei dieser Partnervermittlung darum, dass Jesus Christus, der Messias, viele Generationen später aus dem Volk Abrahams stammend geboren wird. Es geht um Heilsgeschichte.

Obwohl die Bibel also solch automatische Direktiven gar nicht kennt, gibt es trotzdem sehr viele Menschen in christlichen Kreisen, die fast verzweifelt darum ringen, dass Gott ihnen ständig sagt, was sie im Alltag tun sollen. Natürlich tut er das in Ausnahmefällen auch heute – so wie es immer Ausnahmefälle gab –, aber es gibt sehr viel mehr Situationen, in denen er es nicht sagt.

Ein Mann erzählt: »Als ich meine Frau kennen gelernt habe, war das eher eine Hormonstörung, die man Verliebtheit nennt. Sie hätte mich dazu gebracht, überall mit ihr hinzugehen. Natürlich erkenne ich im Nachhinein den roten Faden in meinem Leben. Natürlich erkenne ich im Nachhinein, dass Gott uns zusammengeführt hat. Aber wenn ich damals gesagt hätte: ›Der Herr hat uns zusammengeführt‹, dann hätte ich fromm gelogen. Ich war in sie verliebt, sie war in mich verliebt.« Das ist natürlich und menschlich, Teil der Schöpfungsordnung: Wir sind so von Gott geschaffen, dass Mann und Frau sich attraktiv finden. Dass man gerade, indem man in dieser Schöpfungsordnung lebt, dann merken kann, dass Gott der Dritte im Bunde ist und sich nach wie vor zu der von ihm geschaffenen Ehe stellt, überrascht mich nicht. Und dass wir – innerhalb und außerhalb der Ehe – täglich anderen Menschen etwas schuldig bleiben und ihnen nicht gerecht werden, ist ja auch klar. So kann es selbstverständlich auch passieren, dass wir die Beziehung zum Ehepartner kaputtgehen lassen und selbst (fast) daran kaputtgehen, obwohl Gott die Ehe segnen möchte.

Und dann gibt es Menschen, die ihr Verständnis von Führung weiterspinnen und Folgendes sagen: »Damals, als ich meine Frau geheiratet habe – das war gar nicht Gottes Wille. Und jetzt muss ich gehorsam werden und das wieder gutmachen, indem ich mich von meiner Frau trenne und die Frau heirate, die Gott wirklich damals für mich ausgesucht hat.« So wird ein Verhalten, das in der Bibel Ehebruch genannt wird (also Sünde ist), sogar zum Gehorsam umgetauft.

Ganz normale menschliche Entscheidungen werden zur persönlichen Weisung Gottes deklariert, weil in manchen Gemeinden ständig gefragt wird: »Was zeigt dir der Herr?« – statt mich vorher zu fragen: Was will ich eigentlich selber? Was ist vernünftig? Was wird mich mit einer hohen Wahrscheinlichkeit zu dem angestrebten Ziel bringen? Was sind überhaupt meine Ziele und Möglichkeiten? Das führt natürlich dazu, dass Menschen, weil sie nicht darüber nachdenken, falsche Entscheidungen treffen oder dass sie gar keine Entscheidungen treffen (weil ihnen die »Klarheit« fehlt, die es nicht geben wird).

Noch schlimmer ist manchmal, dass Menschen für ihr eigenes Verhalten wenig oder keine Verantwortung übernehmen. Ich bleibe einmal bei der Frage der Partnerwahl, als Beispiel für diese Art der Logik.

Für den Erfolg einer Ehe ist die Frage, wie die Partner zusammenpassen, ziemlich unerheblich. Dagegen spielt es eine enorm wichtige Rolle, wie sich die Partner zueinander verhalten: Bereitschaft zur Kommunikation, Treue, Kompromissfähigkeit, soziale Kompetenz usw. machen eine gute Ehe wahrscheinlich. Wer beziehungsfähig ist, kann prinzipiell mit jedem anderen beziehungsfähigen Menschen eine gute Beziehung aufbauen – das gilt auch für Eheleute. Und genau dazu ermahnt uns auch die Bibel: Nicht, den richtigen Partner zu finden, sondern ihn oder sie zu lieben, zu respektieren, ihm/ihr treu zu sein usw. Das Bewusstsein davon, wie viel Arbeit und Anstrengung es bedeutet, eine gute Ehe aufrechtzuerhalten, fehlt aber den Menschen, die eine Ehe in erster Linie dadurch sichern wollen, dass sie den »richtigen« Partner heiraten.

Konsequenterweise gibt es meiner Erfahrung nach bei den so »sicher vom Herrn zusammengeführten Ehen« besonders häufig Zerbruch – weil die beiden sich in einer falschen Sicherheit wiegen. Besonders tragisch erscheint mir, dass viele dieser Paare daraus

nicht endlich den Schluss ziehen, dass sie sich selber ändern müssen, sondern empfinden, dass Gott ihnen einen üblen Scherz gespielt hat. Er ist also schuld. Ich kenne viele, die unter dieser Voraussetzung mit dem Zerbruch ihrer Ehe auch den Zerbruch ihrer Gottesbeziehung einläuten.

Auch bei den unglücklichen Singles (nicht alle Singles sind unglücklich, aber manche sind es) finden sich viele von Gott zutiefst enttäuschte. Lange haben sie darauf gewartet, dass Gott ihnen den »Richtigen« zeigt, und nun erleben sie – vielleicht mit 35 plus minus ein paar Jahre –, dass der Zug zur Familiengründung abzufahren droht. Ohne sie. In der Seelsorge hört man dann oft: »Ich dachte, dass Gott mein Vertrauen in ihn belohnen würde. Wenn ich gewusst hätte, wie es ausgeht, wäre ich mehr auf andere zugegangen.«

Es gibt Christen, deren Lieblingslied heißt: »So nimm denn meine Hände und führe mich ... Ich kann allein nicht gehen, nicht einen Schritt ...« Dieses Lied passt in manche leidvolle Situation, in der Ohnmacht und Hilflosigkeit das Leben wirklich bestimmen (und ist auch in einer solchen von Julie Hausmann gedichtet worden), aber es ist ein schlechtes Lebensmotto, weil es so allgemein nicht stimmt. Ich kann nämlich gehen: den linken Fuß ein Stück vor, aufsetzen, jetzt den rechten ... Es geht! Und wem verdanke ich, dass ich gehen kann? Dem, der mich so geschaffen hat. Ich gehe, denn das Leben ist nicht immer von Hilflosigkeit bestimmt.

Ein besseres Lebensmotto scheint mir das Lied zu sein: »Nun aufwärts froh den Blick gewandt und vorwärts fest den Schritt. Wir geh'n an unsres Meisters Hand, und unser Herr geht mit« (August Hermann Francke).

»Mit meinem Gott kann ich über Mauern springen« (Psalm 18,30) – ich kann aktiv werden, ich kann die Initiative ergreifen, und ich habe dabei Gottes Wort und die Regeln seiner Schöpfung als Richtlinie.

Die Passivität eines Menschen, der auf Gottes Weisung wartet, bedeutet also nicht wirkliches Vertrauen in Gottes Handeln, sondern eine Vernachlässigung der Möglichkeiten, die er uns schenkt. Und es führt auch nicht in die erwünschte Abhängigkeit von Gott, sondern zu schlechten Entscheidungen, Enttäuschung und oft Bitterkeit. Die zwanghafte Suche nach innerer Klarheit (gemeint ist: Gottes persönlicher Weisung) führt oft sogar weg von den Weisungen der Bibel, macht blind für Schöpfungsordnungen und führt meistens in eine Abhängigkeit von ande-ren Menschen, die in der Rolle des »Seelsorgers« nun das Sprachrohr Gottes spielen. In jedem Fall führt dieser Zwang in eine Enge und damit in die Angst, denn alle wichtigen Entscheidungen werden nun schwarz-weiß: richtig oder falsch. Gott wird oft nicht als der erlebt, der uns eine Fülle von Möglichkeiten schenkt und uns unser Leben gestalten lässt, sondern als ein fieser Typ, der uns nicht sagt, was er will – aber wehe, wir tun es nicht.

Gott wird oft nicht als der erlebt, der uns eine Fülle von Möglichkeiten schenkt und uns unser Leben gestalten lässt, sondern als ein fieser Typ, der uns nicht sagt, was er will – aber wehe, wir tun es nicht.

Ich rate deshalb: Beten Sie um Weisheit *und* um Führung. Und trauen Sie sich, Entscheidungen zu fällen. Denn wenn Sie zu Gott gehören, ist das letzte Wort über Ihrem Leben ja bereits gesprochen – am Kreuz Jesu Christi. Egal, ob Sie »die Richtige« heiraten, ob Sie den »richtigen Beruf« gewählt haben – Sie können in Frieden sterben. Das sind eben doch alles nur »vorletzte« Fragen, egal wie wichtig sie auch momentan erscheinen.

Auch viele Menschen, die nicht gläubig sind, haben die Tendenz, den Erfolg des eigenen Lebens von irgendwelchen äußeren Umständen abhängig zu machen, die nicht unter der eigenen Kontrolle stehen. Die Psychologie nennt das eine »externe Kontrollüberzeugung«. Eine solche innere Einstellung ist erwiesenermaßen deutlich mit der Entstehung von Depressionen verbunden.

Ein Schüler, der sich seine schlechte Note mit dem Satz erklärt: »Ich bin halt zu dumm« (und daran kann ich ja nichts ändern), wird eher hilflos und depressiv, als einer, der sich sagt: »Na ja, wenn ich bloß die Hausaufgaben etwas gründlicher gemacht hätte ...« (und das kann ich ja in Zukunft tun). Der zweite Satz aktiviert und ist ein Beispiel für »interne Kontrollüberzeugung«, die seelisch gesünder ist als die »externe«. Aber Vorsicht:

Auch die interne Kontrollüberzeugung kann zu Stress führen, wenn sie zu sehr ausgeprägt ist. Wenn jemand nämlich zu viel Verantwortung übernimmt für Dinge, die nicht wirklich verfügbar sind, wird sehr viel Kraft verbraucht, ohne dass damit eine echte Wirkung erzielt wird. Man ist also hochaktiv, aber ineffektiv. Zu den übermäßig intern kontrollüberzeugten Personen gehören häufig Führungspersonen, also auch Pfarrer, Prediger, Gemeindeleiter und ihre weiblichen Pendants. Diese »Helden für Gott« dürfen sich ruhig das bereits oben erwähnte Lied von Julie Hausmann an die Kühlschranktür hängen oder auf den Nachttisch stellen, als Korrektur in die richtige Richtung. Denn für diese »christlichen Topmanager« ist klar: Wenn ich nicht handle, tut's keiner (oder zumindest nicht so gut, wie ich es tue) – also die Ärmel hoch und ran an die Arbeit! Sie vergessen, wer eigentlich der Herr der Gemeinde ist. Sie mögen sogar darüber predigen, aber sie glauben es nicht wirklich, dass Jesus fest entschlossen ist, mit seiner »Braut«, der Kirche, »ohne Flecken oder Runzeln oder dergleichen, sondern heilig und makellos« (Epheser 5,27) zum Ziel zu kommen. Sie können es sich zumindest nicht vorstellen, dass er das schafft. Und so gibt es Gemeindeleitungsgremien und Kirchenvorstände, die ständig ihre Sitzungszeiten überziehen, aber gänzlich ohne Klausurzeiten auskommen. Die bei Entscheidungen bis zur Erschöpfung diskutieren, abwägen und argumentieren, aber nie auf die Idee kommen, die Stille zu suchen und zu horchen, ob abseits vom Lärm des Alltags die Stimme Gottes nicht doch hörbar wird. Und es gibt haupt- und nebenamtliche Christen, die jahrelang ohne Ruhetag leben, ohne zu merken, wie sie immer gehetzter, immer trauriger und immer enttäuschter von Gott werden. Schade.

Während also die einen die Möglichkeiten, die Gott uns längst zur Verfügung gestellt hat, nicht recht zu nutzen wagen, versuchen die anderen verkrampft, das zu erreichen, was nur Gott tun kann oder längst getan hat.

Jeder ruft dem anderen das zu, was für ihn oder sie selber gerade richtig wäre. Die Prediger predigen: »Vertraue auf Gott! Handle nur in Abhängigkeit von ihm! Tue nichts aus eigener Kraft!« – und erreichen mit dieser Botschaft oft diejenigen Menschen besonders gut, die bereits verunsichert sind und sich eh nicht trauen, aber für solche Botschaften eine Antenne haben. Und die Schwachen? Sie fordern mit ihrer Passivität geradezu heraus, dass die Starken sich immer stärker machen: »Bitte, mir geht's schlecht, da muss man doch was tun ...« Die Starken tun das dann auch – nur tun sie leider oft zu viel, zu schnell, zu gründlich und nehmen damit wiederum den anderen zu viel Verantwortung ab.

Wie kommen wir nun zu einer guten Korrektur?

Zuerst einmal, indem wir uns selbst und anderen gegenüber ehrlich werden und uns eingestehen, dass wir unsere persönlichkeitsbedingten Schwächen auch mit unseren individuellen Glaubensschwerpunkten gerne rechtfertigen. Wir brauchen also Spiegel, in denen wir uns nicht im Licht unserer eigenen Wunschvorstellungen begegnen, sondern sehen lernen, wie wir wirklich sind. Der Geist Gottes will das in unserem Leben erreichen, uns die Wahrheit führen, auch wenn es wehtut.

Neben der Bibel als dem Wort Gottes bietet sich dazu die seelsorgerliche Begegnung in der Gemeinde an. Oft tun wir so, als wäre Seelsorge nur etwas für Leute mit Problemen. Und irgendwie stimmt das ja auch – nur haben wir eben alle Probleme. In anderen Worten: Alle Christen brauchen Seelsorge. Wir brauchen die kritische Solidarität der Brüder und Schwestern, mit denen wir gemeinsam unterwegs sind. Und auch wenn es uns ärgert: Die, die eine Sache anders sehen als wir, sind meistens nicht unsere »Gegner«, sie haben nur

> **Alle Christen brauchen Seelsorge. Wir brauchen die kritische Solidarität der Brüder und Schwestern, mit denen wir gemeinsam unterwegs sind.**

einen anderen Blickwinkel und können daher Aspekte wahrnehmen, die wir selber nicht sehen.

Fazit: Wenn es darum geht, gute Entscheidungen zu treffen, steht uns also einiges zur Verfügung, was wir nutzen müssen, auch wenn es Arbeit bedeutet. Diese Arbeit sollen wir im Gespräch mit Gott begleiten, aber nicht unbedingt erwarten, dass uns Gott die Arbeit abnimmt.

Zuerst einmal sollten wir uns Gedanken darüber machen, was wir eigentlich wollen. Wer nicht weiß, wo er hin will, kommt meistens ganz woanders an.

Zweitens sollten wir vernünftig und gut informiert abwägen, was uns selber sinnvoll erscheint.

Drittens sollten wir bei wichtigen Entscheidungen das Gespräch mit vertrauenswürdigen und kompetenten Freunden oder Beratern suchen.

Viertens sollten wir das prüfen, was wir vorhaben, wie und warum wir es tun wollen und ob es mit den Vorstellungen der Bibel in Konflikt gerät. Jetzt kann eigentlich schon nicht mehr viel schief gehen. Und wer sich noch immer nicht entscheiden kann, sollte daran arbeiten, den Mut zum Wagnis zu entwickeln – Gott ist nämlich bei uns.

Ist ein solcher Entscheidungsprozess denn auch geistlich genug? Ich bin mir sicher, dass er sogar viel geistlicher ist, als die Tendenz, Gott ständig als Entscheidungsträger zu deklarieren. Denn Gottes Geist wirkt nicht unbedingt in einer subjektiven »inneren Klarheit« – da besteht eher die Gefahr, dass man sich von seinem eigenen, oft unbewussten Wunschdenken leiten lässt. Aber: Unsere eigenen Wünsche und unser Wille sind nicht grundsätzlich gegen Gottes Willen: Der Geist Gottes lebt ja auch in unseren Motiven, wenn wir zu Gott gehören. Und er wohnt auch in unserem Verstand und zeigt sich in unserem Denken. Gottes Geist wirkt sogar bei anderen Leuten und zeigt sich in deren Rückmeldungen zu unseren Fragen. Und dass uns Gottes Geist in biblischen Aussagen und Normen begegnet, ist wahrscheinlich keine strittige Frage.

Alles Weltliche mit dem Bösen gleichzusetzen führt in eine Ablehnung der Schöpfung, die Gott uns zur Verfügung stellt. Insbesondere im Bereich der psychologischen Erkenntnisse und Hilfestellungen führt ein übergroßes Misstrauen gegenüber allem Weltlichen oft dazu, dass von Gott geschaffene Hilfsmöglichkeiten (z.B. zur Stressbewältigung) nicht wahrgenommen werden.

Kapitel 7

Die Welt ist schlecht ...

Wie würden Sie darangehen, einen Gebrauchtwagen zu kaufen? Wahrscheinlich zuerst einmal, indem Sie in den Kleinanzeigen Ihrer Tageszeitung nachsehen, welche Angebote es gibt. Vielleicht ein paar »Auto, Motor, Sport« wälzen. Und dann gibt's beim Automobilclub Listen mit gängigen Preisen und Infos über die Pannenstatistik verschiedener Modelle. Zweifelsohne wäre irgendwann der Gang zum Verkäufer oder Gebrauchtwagenhändler dran – und schließlich eine Probefahrt. Bei dieser sind die Ohren und Augen weit geöffnet, auf alles gerichtet, was wackelt, rattert oder klappert. Schließlich kommt ein Auto in die engere Wahl. Es gefällt Ihnen, der Preis stimmt, der Verkäufer erweckt Vertrauen. Sie schlafen noch einmal eine Nacht über der Sache, und wenn dann keine Zweifel aufgetaucht sind, nehmen Sie es. Die ganz Vorsichtigen gehen vorher noch zur Werkstatt und zahlen dafür, dass ein Kfz-Meister sich das Objekt der Begierde noch einmal ganz genau kritisch ansieht, aber die meisten Leute trauen ihrem eigenen Urteil, auch wenn sie keine Kfz-Mechaniker sind. Viele nehmen allerdings einen Freund mit, der was von Autos versteht. Mit anderen Worten: Sie prüfen – und legen dabei die Kriterien zugrunde, die etwas damit zu tun haben, wie gut das Auto das tut, was Autos tun sollen, nämlich fahren.

Manche Leute tun auch nur so, als ob sie etwas prüfen würden, in

Wirklichkeit haben sie aber keine Ahnung, wie sie das tun sollen, und hoffen nur, dass der Verkäufer das nicht merkt und sie über den Tisch zieht. Die Prüfkriterien prüfen dann nicht wirklich, sondern führen zu x-beliebigen Schlussfolgerungen. Ich habe einmal einen Gebrauchtwagen verkauft, an einen Philosophieprofessor, der für seinen Sohn das passende Gefährt suchte. Er nahm den Ölstab heraus und roch daran. Sein Kommentar war etwas geistesabwesend »Hmm. Guter Jahrgang.« (Er hatte Glück – das Auto war sein Geld wert.)

Andere könnten vielleicht prüfen, wenn sie wirklich wollten, haben sich aber im Grunde längst entschieden. Und nun bestätigen sie sich nur noch, was sie sowieso wahrhaben wollen. Auch sie tun vielleicht so, als ob sie gründlich prüften, aber jeder geübte Gebrauchtwagenhändler merkt es sofort: Dieser tiefergelegte Manta ist verkauft. Die Augen des Kunden glänzen und über den Preis wird nicht mehr groß verhandelt. Zum Nachteil des Kunden.

Im 1. Thessalonicherbrief, Kapitel 5, Vers 21 fordert Paulus die Gemeinde auf: »Prüfet alles und das Gute behaltet.« Angesichts der Tatsache, dass wir von den meisten Dingen in dieser Welt nicht viel verstehen, ist das eine ziemlich steile Forderung, oder? Es klingt auch nach ziemlich viel Arbeit: Man muss sich informieren, lesen, sich ein eigenes Bild machen, Ohren und Augen offen halten, Experten fragen, mit Freunden diskutieren.

> »Prüfet alles und das Gute behaltet.« Angesichts der Tatsache, dass wir von den meisten Dingen in dieser Welt nicht viel verstehen, ist das eine ziemlich steile Forderung, oder?

Kein Wunder, dass viele Menschen es vorziehen, bei dem unglaublichen und überwältigenden Angebot an Möglichkeiten, die uns heute zur Verfügung stehen, die Prüfung ausfallen zu lassen. Oder dass sie nach den Kriterien prüfen, von denen sie bereits etwas verstehen – auch wenn die nichts mit dem Angebot zu tun haben. (»Hmm, guter Jahrgang.«) Oder dass sie so tun, als würden sie prüfen, in Wirklichkeit aber längst beschlossen haben, was sie tun werden.

Wenn wir uns als Christen von Paulus' Aufforderung überfordert fühlen, greifen wir oft nach einem irrelevanten Prüfkriterium: Wir beurteilen Dinge nach dem »Stallgeruch«: Alles, was mir vertraut ist, ist gut. – Alles, was mir fremd ist, ist schlecht. Wenn ich gewohnt bin, beim Beten die Hände zu falten, ist es Schwärmerei, wenn andere die Hände erheben. Wenn es in meiner Gemeinde nicht üblich ist, Beichtgespräche zu führen, brauche ich die auch nicht. Wenn der Einband des Gesangbuches die vertraute Farbe hat, sind die Lieder alle geistlich. Wenn mir die Sprache altmodisch erscheint, sagen mir die Liedtexte nichts. Und so weiter.

Auch in christlichen Kreisen gibt es natürlich Vorurteile, die einer Scheinprüfung unterzogen werden, deren Ergebnis aber von vornherein feststeht. Das gilt für beide Richtungen: sowohl für die, die so tolerant sein wollen, dass sie kaum noch etwas ablehnen, als auch für die, bei denen schon klar ist, dass nichts gut sein kann (wenn es nicht sogar dämonisch ist), was nicht von »uns Christen« entwickelt wurde.

Da es in diesem Buch um seelische Gesundheit geht, werde ich hier nicht weiter über das Prüfen von Gebrauchtfahrzeugen nachdenken, sondern über das Prüfen von Hilfestellungen im Umgang mit der eigenen Psyche.

Nach dem Stallgeruch-Prinzip kann man die gesamte Psychologie und Psychotherapie vergessen, denn die bedeutenden Gründer psychotherapeutischer Schulen waren fast alle jüdischer Herkunft, die meisten davon aber nicht sehr religiös, zum Teil ausgesprochen gegen Gott eingestellt, zum Teil offener. Und oft ist es nicht ganz einfach, psychologisch begründete Methoden unabhängig davon zu beurteilen, was ihre Entdecker sonst alles glauben oder nicht glauben. Und so wird manche in der Schöpfung Gottes begründete Hilfsmöglichkeit abgelehnt, weil die Entdecker keine Christen waren. Aber das ist nicht sinnvoll als Beurteilungskriterium: Ich entscheide mich ja auch als Christ nicht gegen einen Toyota, weil er von Shintoisten gebaut wird. Doch gegenüber einer Wissenschaft, die sich mit dem Menschen befasst, sind Christen deutlich skeptischer als gegenüber einer Automarke (und das hat auch sein Gutes). Als ich vor 25 Jahren mit dem Psychologiestudium begann, wurde ich von vielen sehr besorgten Mitchristen dringlichst davor gewarnt. Es wurde mir sogar prophezeit, dass ich wahrscheinlich durch Selbstmord enden würde. Da Psychologie aber eine Wissenschaft ist, die die Schöpfung beschreibt, ist es gar nicht so überraschend, dass man auch in diesem Studium eigentlich nicht anders kann, als ins Staunen über den Schöpfer zu kommen – wenn man an ihn glaubt.

Zweieinhalb Jahrzehnte später sind solche extremen Vorbehalte weitgehend verschwunden – ein paar Dinosaurier gibt es noch, aber sie scheinen auszusterben. In fast allen christlichen Gemeinschaften gehören Vorträge mit psychologischen Themen zu den am besten besuchten Veranstaltungen, und in den letzten zehn Jahren ist mir kaum jemand persönlich begegnet, der mich nur deshalb zum Ungläubigen erklärt hat, weil ich Psychologe bin. Einerseits freue ich mich über diese Offenheit, andererseits bin ich mir nicht so sicher, ob überhaupt geprüft oder einfach blind gekauft wird.

Denn das »Wir sind ja tolerant und modern, es wird schon nichts schaden, was soll's«-Prinzip ist bei dem extrem vielfältigen Angebot der Psycho-Eso-Szene nicht ausreichend. Manches wird als Psychologie ausgewiesen, was in Wirklichkeit mit sozialen Verhaltenswissenschaften rein gar nichts zu tun hat. Religiöse Hintergründe werden oft nicht offen deklariert, obwohl sie möglicherweise zentraler Teil einer Methode sind. Und so gibt es einerseits Christen, die anscheinend überhaupt keine Probleme damit haben, esoterische Praktiken wie die so genannte Bach-Blüten-Therapie oder Yoga zu machen, und andere, die die gesamte Psychologie dämonisieren.

Eine Methode ist also nicht schon deswegen abzulehnen, weil ihr Entdecker nicht meinen Glauben teilt, aber ich muss sie ablehnen, wenn die Methode selbst nicht mit meinem Glauben in Einklang zu bringen ist.

Welche Prüfkriterien sind denn dann sinnvoll?

Zuerst einmal: Jedes Angebot zur Hilfe basiert auf einem bestimmten Menschenbild. Und da ist die erste Frage, ob das Menschenbild in einem ganzheitlichen biblischen Menschenbild (siehe Kapitel 2 und 3) Raum hat. Keine einzelne Methode umfasst das gesamte Spektrum menschlichen Lebens: Ein Beichtgespräch wird nicht gegen einen Hirntumor helfen, und eine Übung zur besseren Selbstbehauptung löst keine okkulte Bindung. Das heißt, jede Methode ist begrenzt in ihrer Anwendung, aber das macht sie noch nicht schlecht oder unbrauchbar. Beichtgespräche sind hilfreich, wenn Schuld das Leben blockiert, und Selbstbehauptungstraining ist gut für ängstliche und schüchterne Menschen. Beide Dinge können helfen, weil zum biblischen Menschenbild sowohl die Schuldhaftigkeit des Menschen als auch seine Lernfähigkeit gehören. Allerdings kann beides auch schaden. Insbesondere dann, wenn eine bestimmte Methode den Anspruch erhebt, die allein richtige zu sein, läuft man Gefahr, am eigentlichen Problem vorbeizutherapieren. Das gilt aber auch für die klassischen Formen christlicher Seelsorge: Trösten z.B. schadet, wenn nicht erlebtes Leid, sondern praktizierte Sünde das Leben blockiert.

Einige Methoden dagegen passen meines Erachtens prinzipiell und grundsätzlich nicht zu einem biblischen Wirklichkeitsverständnis, und ich lehne sie als Christ ab. Yoga z.B. will den Menschen zur Ruhe bringen, indem er ihn aus der Welt löst und mit Gott vereinigt. Beim Yoga geht es also nicht um gymnastische Übungen, sondern es handelt sich um die Ausübung einer hinduistischen religiösen Praxis, die zum Bewusstsein des Einsseins aller Dinge – Gott, Mensch, Universum – führen soll. Oder die Bach-Blüten-Therapie: Sie beruht auf einer ziemlich obskuren Charakter- und Krankheitslehre, die der Gründer in spiritistischen Séancen durch Geister übermittelt bekommen haben will. Die Vorstellung, dass der Mensch zur Ruhe kommt, indem er sein eigenes Gott-Sein in Harmonie mit dem Universum entdeckt oder dass Spiritismus zur Erkenntnis des Menschen führt, ist aus meiner Sicht mit der biblischen Sicht des Menschen grundsätzlich nicht zu vereinbaren.

Die meisten psychotherapeutischen Methoden basieren dagegen auf Schöpfungsordnungen. So versteht die so genannte Verhaltenstherapie den Menschen als Lernenden, was er ja unter anderem auch ist. Damit ist aus meiner Sicht die Verhaltenstherapie nicht mehr grundsätzlich abzulehnen, sondern nur noch die Frage zu stellen, ob sie in einem speziellen Fall die geeignete Methode zum Erreichen eines bestimmten Zieles ist.

Ähnlich ist es bei den meisten tiefenpsychologischen Ansätzen: Sie verstehen den Menschen als sehr kompliziertes und vielschichtiges Wesen, in dessen Innerem unterschiedliche Motive zu inneren Konflikten führen. Dabei spielt das Verständnis von Prägungen in der Kindheit eine wesentliche Rolle.

Tiefenpsychologische Ansätze sollten m.E. dann angewendet werden, wenn es um innere Konflikte und verborgene Prägungen geht, aber eben nicht (zumindest nicht zuerst), wenn z.B. stressbedingte Verspannungen zu Kopfweh führen.

Bei der so genannten Gesprächstherapie gehen Psychotherapeuten davon aus, dass eine richtende Atmosphäre dem Menschen schadet, dass dagegen eine bedingungslos annehmende, einfühlsame und dabei ehrlich bleibende Haltung des Therapeuten zur besseren Selbstwahrnehmung führt. Das passt gut zu vielen biblischen Aussagen über den richtigen Umgang miteinander. Und wenn es um Selbstwahrnehmung geht, ist ein gesprächstherapeutisches Vorgehen in der Tat hilfreich – aber eben nicht ausreichend, wenn ein Mensch z.B. in der Tiefe einer depressiven Phase Medikamente braucht.

Auch die so genannten systemischen Ansätze (z.B. Familientherapie) greifen da an, wo Menschen in ihren sozialen Netzen schädliche Muster entwickeln – und das kann auch mit einem biblischen Menschverständnis nachvollzogen werden.

So ist jede Methode abzulehnen, wenn sie verabsolutiert wird und als Mittel für alles eingesetzt werden soll, aber viele Methoden sind für bestimmte Zwecke durchaus geeignet und anwendbar. Zu diesen mit einem biblischen Menschenbild zu vereinbarenden Methoden – wenn zum richtigen Zweck angewendet – gehören auch viele Entspannungstechniken (inklusive des so genannten Autogenen Trainings, welches entgegen den Behauptungen in manchen christlichen Veröffentlichungen keinen religiösen bzw. okkulten Hintergrund hat), aber auch die »progressive Muskelentspannung nach Jacobsen« oder Entspannung durch Atmen und viele andere.

Neben einer prinzipiellen Verträglichkeit mit der biblischen Sicht des

> So ist jede Methode abzulehnen, wenn sie verabsolutiert wird und als Mittel für alles eingesetzt werden soll, aber viele Methoden sind für bestimmte Zwecke durchaus geeignet und anwendbar.

Menschen wäre das zweite wichtige Prüfkriterium, ob der zu betreibende Aufwand (einschließlich der unerwünschten Nebenwirkungen) und die zu erwartende erwünschte Wirkung in einem günstigen Verhältnis zueinander stehen. Hierzu gibt es für eine Vielzahl psychotherapeutischer Methoden Untersuchungen und relativ eindeutige Befunde, die die Wirksamkeit der Methode belegen. Diese Untersuchungen auch nur ansatzweise für die zirka 200 psychotherapeutischen Methoden, die im deutschsprachigen Bereich praktiziert werden, zusammenzufassen, würde allerdings den Rahmen sprengen. Aber hier gilt das »Probefahrt-Prinzip«: Als Faustregel kann man sagen, dass eine Psychotherapie, die nach zehn bis zwanzig Sitzungen nicht deutliche Erfolge zeigt, auch weiterhin keine guten Chancen hat – und wahrscheinlich sogar eher schadet. Und wie sich Aufwand und Gewinn zueinander verhalten, sollte man eigentlich selber beurteilen können. Dass der Verkäufer sein Produkt anpreist, ist wohl nicht ungewöhnlich, aber deswegen muss ich ja nicht gleich kaufen. Und, wie bei der Probefahrt: Wer ganz sichergehen möchte, sollte ruhig die Beratung durch Experten suchen und eine zweite Meinung einholen.

Also: Prüfen muss sein, auch wenn's Arbeit macht. Informieren Sie sich über das Menschenbild einer therapeutischen Methode, über die Einstellung zum christlichen Glauben, die eventuelle Helfer haben, über theoretische und ideologische Grundlagen, und wenn eine potentielle Hilfsmöglichkeit bei dieser Prüfung besteht, probieren Sie sie aus. Und bleiben Sie kritisch. Lassen Sie sich keinen Quatsch andrehen. Aber: »Das Gute behaltet.«

Während der gesellschaftliche Trend vielleicht sogar zu einer Überbetonung der Mündigkeit geht, besteht in manchen christlichen Kreisen ein Autoritätsverständnis, in dem bestehende Machtstrukturen (z.B. zwischen Eltern und ihren erwachsenen Kindern, zwischen Gemeindeleitern und Gemeindegliedern usw.) »geistlich« begründet werden. Als Ergebnis entstehen Gemeinden, in denen nicht gegenseitige Ehrerbietung und Abhängigkeit von Gott im Vordergrund stehen, sondern Führer und Geführte.

Kapitel 8

Christsein in der Spannung zwischen Eigenverantwortung und Abhängigkeit

Es gibt in manchen christlichen Kreisen sehr ungesunde soziale Normen, die ein hohes Maß an autoritärem Erziehungsverhalten, Forderung nach blindem Gehorsam und Strenge im Umgang von Kindern und Eltern propagieren. Damit meine ich nicht »wertkonservative« Christen, sondern solche, die so tun, als ob man mit genügender Härte dem Kind die Sünde austreiben könnte. Dieser Erziehungsstil widerspricht nicht nur klaren biblischen Geboten – z.B. der Mahnung, dass Väter ihre Kinder nicht zum Zorn reizen sollen (Epheser 6,4) –, sondern führt weg vom Evangelium und der darin gebotenen Barmherzigkeit zu einer selbstgerechten und ängstlichen Grundeinstellung zum Leben. Auf den zweiten Blick wird deutlich: Dieser Erziehungsstil dient nicht dem Kind, sondern dem Bedürfnis der Eltern, möglichst viel Kontrolle über Denken und Fühlen des Kindes zu gewinnen und festzuhalten. Und weil die Beziehung dann in hohem Maß auf Macht basiert, ist die Angst berechtigt, die »Liebe« der Kinder zu verlieren, wenn man diese Kontrolle aufgibt. Und so gehört es wohl häufig zu dieser Einstellung, dass Unterwürfigkeit unter menschliche Autoritäten dem Gehorsam gegenüber Gott gleichgesetzt wird. Daran ändert sich wenig, wenn die Kinder dann erwachsen werden: Die Eltern bleiben Autorität.

Dabei ist schon auf den ersten Blättern der Bibel ganz klar eine Ordnung dargestellt, die sagt: *Entweder* kannst du deinen Eltern »anhangen« *oder* deinem Ehepartner, beides geht nicht. »Darum wird ein Mann seinen Vater und seine Mutter verlassen und seinem Weibe anhangen, und sie werden sein *ein* Fleisch« (1. Mose 2,24). Das ist eine ganz klar beschriebene Schöpfungsordnung, an der es wenig zu deuten gibt. Trotzdem kenne ich Christen, die mit 40 oder 50 Jahren immer noch nicht gelernt haben, ihren Eltern zu sagen: »Dieses Jahr Weihnachten, wisst ihr, da wollen wir mal anders feiern. Wir würden gerne mit den Obdachlosen in der Bahnhofsmission feiern.« Das können sie den Eltern doch nicht antun! Ich kenne sogar eine ganze Anzahl, die deswegen jedes Jahr auf eine christliche Freizeit fahren »müssen« (egal, ob sie wollen oder nicht), weil das die einzige akzeptable Alternative ist.

Auch das Gebot, Vater und Mutter zu ehren, wird dabei verletzt, wenn es missdeutet wird als »Ablösung verboten!« *Ehr*en hat etwas mit *Ehr*lichsein zu tun. Wenn der erste Weihnachtsfeiertag bei den Eltern und der zweite Weihnachtstag bei den Schwiegereltern gefeiert wird, und am dritten Weihnachtstag kommen alle zusammen und sagen: »Ach, das ist schön, dass wir zusammen sind«, und alle denken dabei: »Ach, wäre das schön, wenn ich mal über Weihnachten zum Schnorcheln auf die Malediven könnte«, dann ist das nicht Ehre, dann ist das unehrlich.

Überlegen Sie einmal: Welche Signale gibt es in Ihrer Gemeinde bzw. in Ihrem Frömmigkeitsstil, die es verbieten, Grenzen zu setzen? Was Kinder und Eltern betrifft, kann es in beide Richtungen gehen: Es gibt Kinder, die nicht den Mut haben, ihre Eltern zu verlassen, und Eltern, die mit allen Mitteln an den Kindern festhalten.

Ich kenne Eltern von erwachsenen Kindern, die die Erziehung ihrer Enkel bestimmen – z.B. so: »Wenn ihr eure Kinder nicht auf das Gymnasium schickt, dann erbt ihr später nicht das Grundstück.« Bei anderen Familien ist es einfach klar, dass die erwachsenen Kinder in die gleiche Gemeinde gehen müssen oder nicht vom Heimatort wegziehen dürfen, auch, wenn es eigentlich nötig wäre. Da wird bestochen und gedroht, Psychoterror und Hilfsbedürftigkeit eingesetzt – und alle in der Gemeinde wissen es. Aber keiner sagt: »Was du tust, ist Sünde. Du bist ein herrschsüchtiger Schwiegervater und unterdrückst damit die Entwicklung einer gesunden Ehe bei deinen Kindern.«

Was im Gesprächszimmer von Ehetherapien an unabgelösten Elternbeziehungen zum Vorschein kommt, ist erschreckend. Da gibt es einen Ehestreit darüber, ob ein richtiger Zwetschgenkuchen mit Hefeteig oder mit Mürbteig gemacht wird – und darüber streitet dieses Paar schon seit Jahren. Hat das was mit Zwetschgenkuchen zu tun? Nein, es hat etwas damit zu tun, dass die eine Mutter den Kuchen mit Hefeteig gemacht hat und die andere Mutter mit Mürbeteig. Und dass ein »richtiger« Zwetschgenkuchen für diese Erwachsenen immer noch nur der ist, den Mama damals gemacht hat. Und ein »richtiger« Weihnachtsbaum hat oben einen Stern – nein, einen Engel. Und das Toilettenpapier wird von vorne nach hinten gerollt – nein, von hinten nach vorne. Das sind Konflikte!

Zwei hochintelligente Menschen sitzen im Büro des Eheberaters

und zahlen 150 DM in der Stunde, um über Toilettenpapieraufhängung zu streiten. Über solchen Streits gehen Ehen kaputt, Kinder verlieren ihre Eltern ... Worum geht es denn wirklich? Natürlich nicht um Kuchen, Weihnachtsbäume und Klorollen. Hier werden Loyalitätskonflikte ausgetragen. Die Beziehung zu den Eltern steht in Konkurrenz zu der Beziehung zum Partner, und Hefeteig bzw. Mürbeteig ist Verrat an der Herkunftsfamilie. Das bedeutet: Diese erwachsenen Menschen haben im Grunde genommen noch gar nicht ihre eigene Familie gegründet, sie haben keine wirklich eigenen Traditionen entwickelt, ihr Zusammengehörigkeitsgefühl ist ständig bedroht, und Frieden in der Ehe geschieht nur zum Preis der Unterwerfung des emotional reiferen Ehepartners unter die Herkunftsfamilie des unreiferen. Der Klügere gibt nach. Und leidet im Stillen – so lange, bis es nicht mehr geht.

In diesem Loslösungsprozess geht es übrigens nicht um Geographie. Viele Kilometer zwischen Eltern und ihren erwachsenen Kindern mögen zwar manchmal hilfreich sein, aber es geht um emotionale Bindungen. Es macht keinen Unterschied, ob Sie 4000 Kilometer oder 40 Meter vom Elternhaus entfernt wohnen, wenn Ihre Eltern noch fest im Kopf wohnen.

Aber, wie gesagt: Es sind nicht immer die Eltern, die einen kontrollierenden Einfluss auf die erwachsenen Kinder ausüben. Es kann auch sehr bequem sein, einfach ein großer Junge oder ein großes Mädchen zu bleiben. Eine echte Ehe ist immer ein Wagnis: Wer sich ganz und gar auf die Begegnung mit einem anderen Menschen einlässt, wird in dieser Begegnung wahrscheinlich nicht nur die schönsten und tiefsten Erfahrungen seines Lebens machen, sondern auch die schmerzhaftesten. Und das ist gar nicht so schlimm, denn es trägt zur Persönlichkeitsreifung bei und befreit von falschen Erwartungen. Wer sich täuscht, wird in der Ehe ent-täuscht – vorausgesetzt, er oder sie lässt sich wirklich darauf ein. In anderen Worten: Die Ehe ist nicht nur der nötige Geborgenheitsrahmen für lebenslange Entwicklung, sondern auch mit ausreichendem Frustrationspotential ausgestattet, um Veränderung zu bewirken. Um diesen schmerzhaften, wenn auch gesunden Prozess zu vermeiden, gibt es eine wunderbare Möglichkeit: Man (frau) bleibt einfach emotional bei Mama und Papa! Die sind nämlich lieb und tun mir nichts, und wenn der Ehepartner böse ist, halten sie bestimmt zu mir. So kann ich bei meinen Täuschungen bleiben, muss mich nicht verändern und bleibe emotional ein Kind.

Was in Familien geschieht (oder eben leider nicht geschieht), übersetzt sich auch in die Gemeindestrukturen. Wer nicht gelernt hat, einen eigenen Standpunkt gegenüber den eigenen Eltern zu vertreten, wird es wohl auch nicht gut außerhalb des Elternhauses können, insbesondere nicht in der Gemeinde, zu der die Eltern gehören. Und so entstehen aus Familienstrukturen Gemeindestrukturen, in denen über Jahrzehnte hinweg Herrschaft ausgeübt wird, von grauen Eminenzen, die über jeglicher Kritik stehen, manchmal auch durch geistlichen Missbrauch, bei dem Menschen über andere verfügen, indem sie Ängste vor Gott ausnutzen, die sie selber zuerst geschürt haben. Und »von unten« betrachtet: Indem die Jüngeren einfach übernehmen, was die Alten schon immer gedacht und geglaubt haben, bleibt es ihnen erspart, selber zu denken, selber an Gott zu zweifeln, ihn schließlich zu erleben als den, der dennoch die Treue hält. Nur hat Gott eben keine Enkel, und das Ganze wird endlos fad und langweilig.

Ich habe manchmal den Eindruck, dass es Gemeinden gibt, in denen man fast nicht überleben kann, wenn man so etwas wie eine geistliche Pubertät durchgemacht hat. Das In-Frage-Stellen der Traditionen und Lehren kommt dem Schlachten heiliger Kühe gleich. Dabei ist klar, dass der Kinderglaube sich zum Erwachsenenglauben, zum eigenen – ganz neuen Glauben – transformieren muss, wenn er lebendig und kindlich bleiben soll. Ein »Glaube der zweiten Generation« erschöpft sich in auswendig gelernten theologischen Richtigkeiten und Dogmen, die nicht die Kraft haben, das Leben zu verändern und zu bestimmen.

Ablösung ist ein lebenslanger Prozess, der die Grundvorausset-

> Es gibt Gemeinden, in denen man fast nicht überleben kann, wenn man so etwas wie eine geistliche Pubertät durchgemacht hat. Das In-Frage-Stellen der Traditionen und Lehren kommt dem Schlachten heiliger Kühe gleich.

zung für alles wirklich eigene schafft. Für eine eigene Familie, für einen eigenen Glauben, für ein eigenes Leben. Aber: Es geht nicht ohne innere Konflikte – und manchmal auch nicht ohne äußere. Und doch lohnt sich dieser Prozess für beide Seiten. Das Eltern-Kind-Verhältnis kann sich nur in eine erwachsene Freundschaft zwischen »Senior-Partnern« und »Junior-Partnern« verwandeln, wenn beide Seiten selbstbestimmt und mündig sein dürfen. Diese erwachsenen Freundschaften sind aber für beide Seiten ungleich schöner, hilfreicher und befriedigender als Beziehungen, die auf Angst und Macht aufgebaut sind.

Teil III

Gesunder Glaube im Alltag

Eine kleine Vorbemerkung

Neben den krank machenden Regeln und Normen, die in manchen Gemeinden leider einen wesentlichen negativen Einfluss auf das Wohlbefinden haben, sind christliche Gemeinden im Großen und Ganzen wirklich hilfreich. Das liegt unter anderem daran, dass sie Möglichkeiten für Begegnungen, soziale Kontakte, ein Netzwerk, Unterstützung in Krisenzeiten usw. bieten. Das tut natürlich auch jeder Hasenzüchter-Verein oder Liederkranz. Geht ein lebendiger Glaube auch über das »normale« zwischenmenschliche (und manchmal allzu menschliche) Miteinander hinaus?

Dass Glaube nicht automatisch und berechenbar die Lebensprobleme eines Menschen verändert, dass man also den Glauben nicht »strategisch einsetzen« kann, um sich wohl zu fühlen, liegt in der Natur des Glaubens.

Glauben heißt, sich mit Leib, Seele und Geist, mit allen Makeln und Schwächen bei Jesus Christus zu bergen. Wer das tut, um irgendetwas anderes damit zu erreichen, instrumentalisiert den Glauben und verliert damit das Eigentliche, das, worum es geht: nämlich die zerbrochene Beziehung zu Gott *von ihm* wieder in Ordnung bringen zu lassen. Glaube ist das Handeln Gottes am Menschen und nicht eine Versöhnungsleistung des Menschen gegenüber Gott, die in der Hoffnung erbracht wird, ihn gnädig zu stimmen (und nebenbei noch ein paar Bonbons einzukassieren).

»Glaube um zu ...« ist ein Widerspruch in sich. Glaube heißt: Gott schenkt ewiges Leben (*Heil*). Wohlbefinden (*Heilung*) ist wünschenswert und oft auch Folge einer geheilten Gottesbeziehung, kann aber nicht ihr Ziel sein.

Im Folgenden möchte ich gerne einige Beobachtungen über lebensfördernde und befreiende Glaubenserfahrungen notieren, deren gemeinsame Grundlage die ist, dass der Glaube nicht diesen Erfahrungen dient, sondern dass sie eher als Nebeneffekt »so ganz von alleine« geschehen, wenn Glaube wächst.

Jesus hat das etwa so gesagt: »Sucht zuerst das Reich Gottes und seine Gerechtigkeit (d.h. die Vergebung eurer Schuld), das andere kommt dann schon von allein« (nach Matthäus 6,33).

Diese hilfreichen und gesundheitsfördernden Aspekte des christlichen Lebens werde ich etwas weniger ausführlich beschreiben – denn sie sind in einer in der Gemeinschaft gelebten Gottesbeziehung erlebbar. Bei Interesse: Selber testen!

Viele Christen erleben, dass ein Leben »nach der Gebrauchsanweisung des Herstellers« einfach besser funktioniert. Gelebte Ethik und moralische Überzeugungen machen uns nicht zu besseren Menschen, sie sind auch nicht zum Wohle Gottes da – sie dienen uns selber. Ein zwanghafter, gesetzlicher Glaube ist fehlorientiert – ein evangeliumsgemäßes Nachfolgeverständnis ist ziel- und beziehungsorientiert: Es gründet sich in der Beziehung zu Gott und hat das Leben zum Ziel.

Kapitel 9

Gottes Ordnungen dienen dem Leben

Woran denken wir beim Stichwort »Römer«? Richtig, an Asterix, den Gallier. Dessen Lieblingsbeschäftigung ist bekanntlich die, eine wohlgeordnete Phalanx von römischen Legionären zu einem wild in der Gegend verteilt liegenden Haufen verbeulter Soldaten zu verwandeln, begleitet von einem Schrotthaufen aus ebenso zerbeulten Rüstungen. Was dann in der Regel kommentiert wird mit: »Die spinnen, die Römer ...« Womit Freund Obelix ein durchaus nachvollziehbares Urteil fällt, wenn man bedenkt, wie die Römer in den Bildergeschichtchen immer wieder selber dafür sorgen, dass ihre akribisch aufgestellten Ordnungen in kürzester Zeit in absolutem Chaos untergehen.

Aber im Gegensatz zu Asterix und Obelix sahen die Menschen in der Zeit Jesu die Römer als eine beneidenswerte Macht an, die durch gute Organisation die damals bekannte Welt erobert hatte. Klare Strukturen und Zuverlässigkeit sorgten dafür, dass jeder am richtigen Platz seine Aufgaben kannte und erfüllen konnte. Kein Wunder also, wenn die Gemeinde der damaligen Zeit auch am Beispiel der Römer lernen wollte.

Nehmen wir also einmal das Bild eines wohlgeordneten römischen Heeres: Schulterschluss links und rechts, der Schild des Hintermannes schützt vor Pfeilen von oben, und es ist gar nicht so leicht, an einer Stelle anzugreifen (es sei denn, man hat den Zaubertrank von Miraculix intus). Um in einer solchen Schlachtordnung zu bleiben, muss man natürlich im Gleichschritt – links, rechts – marschieren. Wer dabei aus dem Takt kommt, gefährdet zuerst einmal sich selber und natürlich die anderen (denn nach solchen Schwachstellen hält der Feind begierig Ausschau, wenn er keinen Zaubertrank hat).

Genau dieses Bild einer aus der Ordnung gekommenen Schlachtreihe wird in der Bibel benutzt, um das Zusammenspiel von Christen in der Gemeinde Jesu zu beschreiben. Zugegeben, es klingt etwas militärisch, aber irgendwie sind wir ja auch in einem Kampf, oder? Dass es bei diesem Kampf nicht um »Gleichschritt« geht, ist klar – aber es geht sehr wohl darum, dass wir uns vom Feind Gottes nicht die Ewigkeit zerstören lassen, die Jesus Christus für seine Gemeinde geschaffen hat. Dabei ist jemand, der aus dem Takt kommt – man hört die Ähnlichkeit des Wortes mit dem griechischen »ataktos« – ein echtes Gesundheitsrisiko. Übersetzt wird dieser Begriff in der Bibel mit »unordentlich«, was bedeutet, dass etwas aus der Ordnung fällt. Wenn es z.B. heißt, man solle die »Unordentlichen« ermahnen (vgl. 1. Thessalonicher 5,14), hat das nichts mit Nörgelei über unaufgeräumte Schreibtische oder dem Liegenlassen von Kaugummipapierchen zu tun. »Ermahnen« heißt: jede mögliche Hilfe geben, eine Neuorientierung zu finden, die in der Krise trägt. Nicht von oben herab und besserwissend, sondern als Rat: Hey, pass auf! – Du lebst gefährlich!

> Christen verstehen das Einhalten der göttlichen Spielregeln nicht als eine Form des rituellen Gottesdienstes, bei dem man das meiste verboten bekommt, was Spaß macht. Das Evangelium und biblisch orientierter Glaube verkündigen genau das Gegenteil: Gott als derjenige, der die Freude erfunden hat, und der als Hersteller dem »Produkt Mensch« eine Gebrauchsanweisung beigelegt hat.

Christen verstehen also das Einhalten der göttlichen Spielregeln (z.B. zum Umgang miteinander) nicht als eine Form des rituellen Gottesdienstes, bei dem man das meiste verboten bekommt, was Spaß macht. Leider gibt es natürlich viele Christen, die insgeheim denken: Schade eigentlich, dass ausgerechnet ich Christ sein muss ... Am liebsten wäre mir, ich könnte auf der Welt ganz weltlich leben und mich dann auf dem Sterbebett noch in letzter Minute bekehren – aber man weiß ja nie, wie plötzlich es einen treffen wird. Also: Sicher ist sicher, dann muss ich halt Christ sein. Ihr Gottesbild ist etwa so: Gott ist der große himmlische Spielverderber, der mit dem Teppichklopfer hinter uns her läuft – und wenn wir uns zu viel freuen, gibt's was auf die Birne.

Das Evangelium (»die gute Nachricht«) und biblisch orientierter Glaube verkündigen genau das Gegenteil: Gott als derjenige, der die Freude erfunden hat und der als Hersteller dem »Produkt Mensch« eine Gebrauchsanweisung beigelegt hat. Weil das Produkt gefährdet ist, wenn es sich nicht daran hält. Und weil der Hersteller nach wie vor sein Geschöpf liebt und sich an ihm freut. Und weil das Leben reicher, schöner und in der Regel sogar länger ist, wenn man sich an die Ordnungen des Lebens hält.

Zu diesen Regeln gehören selbstverständlich auch Aufforderungen zu einem Verhalten, das sich manchmal kurzfristig nicht zu lohnen scheint (also Spaß verhindert): z.B. die Wahrheit sagen, den Besitz anderer respektieren, verbindliche Beziehungen halten, nicht von einem Bett ins nächste wechseln, usw. Im biblischen Sinne bedeutet »ermahnen« also die Warnung vor einem Verhalten, das auf die Schnelle mal ganz nett sein mag, langfristig aber Schaden bringt.

In der Sprache der Psychotherapie könnte man das etwa so ausdrücken: Lebe nicht nach dem Lustprinzip, das nur vordergründig befriedigt, sondern entwickle ein ausreichendes Maß an Frustrationstoleranz, um auf Dauer die Bedingungen für ein gelungenes Leben in guten Beziehungen aufzubauen.

Wenn man den Untersuchungen glaubt (und in diesem Fall tue ich das), scheinen Menschen, die in eine christliche Gemeinde gehen, diese Einladung zu einem befreiten und geordneten Leben tatsächlich ernst zu nehmen und in einem deutlichen Maß ihre Alltagsgestaltung danach auszurichten. Es gibt sie natürlich, die scheinheilige Heuchelei – außen hui, innen pfui –, die nur so tut, als ob. Aber sie ist wohl glücklicherweise nicht die Regel.

Bei Christen gibt es z.B. – deutlich häufiger als im Rest der Gesellschaft – eine höhere Bereitschaft, sich in Beziehungen auch durch Krisen hindurchzuarbeiten. Die Schwelle zum Wegwerfen von Beziehungen ist relativ hoch. Nicht nur die Schwelle zur Scheidung, die auch (glücklicherweise) bei vielen Christen (noch?) relativ hoch ist. Die Konfliktbereitschaft mag in der Gesellschaft höher sein, und im Vergleich ist die Vielfalt der Möglichkeiten mancher Christen, Konflikte zu bereinigen, leider eher eingeschränkt. Aber: Der vorsichtige Umgang miteinander mag seine Gründe auch darin haben, dass man das Risiko, eine Beziehung im Zerbruch enden zu lassen, mehr scheut. Und da haben Christen Recht: Zerbrochene Beziehungen sind verpasste Chancen zur Persönlichkeitsentwicklung, sind eine enorme Stressbelastung und verkürzen das Leben. Weil es eben stimmt, was im Buch der Sprüche steht: Ein Mensch

> Zerbrochene Beziehungen sind verpasste Chancen zur Persönlichkeitsentwicklung, sind eine enorme Stressbelastung und verkürzen das Leben. Konflikte dürfen nicht links und rechts Beziehungswracks zurücklassen, sondern sollen zur Konfliktbewältigung führen.

entwickelt sich durch seinen Umgang mit anderen, so wie ein Messer das andere wetzt (vgl. Sprüche 27,17). Wo Menschen aneinander arbeiten und »schärfer werden«, fliegen auch mal Funken. Aber Konflikte dürfen nicht links und rechts Beziehungswracks zurücklassen, sondern sollen zur Konfliktbewältigung führen. Ich finde es zwar tröstlich, dass auch in der Bibel bei den Menschen, die Gott sehr nahe stehen, ständig irgendwelche Reibereien vorkommen – aber eben auch Klärung, Versöhnung, Vergebung und Wiederherstellung.

Was ich hier sage, gilt gerade für enge, persönliche Beziehungen, am meisten für die Ehe. Unsere Gesellschaft möchte uns glauben machen, dass der Zerbruch einer Ehe heute relativ normal ist und von den meisten Menschen doch recht gut bewältigt wird. Auch in den Medien werden überwiegend Beispiele von Menschen gezeigt, die sich mit einer Scheidung gut arrangieren. Diejenigen, denen das nicht gelingt, ziehen sich daher oft beschämt in ihr Schneckenhaus zurück – und sind doch bei weitem in der Mehrzahl. Die unproblematische Bewältigung einer Scheidung ist eine eher seltene Ausnahme, eine extrem seltene für Männer. Und wenn man bedenkt, dass in Deutschland 70 % der allein erziehenden Mütter wirtschaftlich auf dem Sozialhilfe-Niveau existieren, kann man sich vorstellen, welche seelische und körperliche Belastung in der Regel mit ihrem Alltag verbunden ist. Die Häufigkeit von Scheidungen reduziert die negativen Folgen nicht, im Gegenteil: Je häufiger in einer Kultur Scheidungen vorkommen, desto stärker sind ihre negativen Folgen beim Einzelnen. Daraus kann man schließen, dass die post-traumatischen Belastungen nach Zerbruch und Scheidung einer Ehe nicht in erster Linie mit der Ausgrenzung und Stigmatisierung Geschiedener zu erklären sind, sondern dass die Scheidung nur in den wenigsten Fällen eine konstruktive Konfliktlösung sein kann.

Einer der bedeutendsten Paarforscher unserer Zeit, Jürg Willi, Chefarzt in Zürich und u.a. Professor für Psychiatrie und Psychotherapie, fasst die Ergebnisse der vielen Forschungen zur Scheidungsbewältigung so zusammen: »Scheidung gehört zu den wichtigsten psychosozialen Gesundheitsrisiken«, ist also vergleichbar mit schlechter Ernährung, mangelnder Hygiene, Rauchen und Bewegungsmangel. Die Sterblichkeitsraten Geschiedener liegen in manchen Altersgruppen doppelt so hoch wie bei Nicht-Geschiedenen.

In unserer Gesellschaft ist die Schwelle zur Beendigung einer Beziehung meines Erachtens bei weitem zu niedrig. Wir sind auch in diesem Sinne eine echte Wegwerfgesellschaft geworden, und mit dem Wertstoffrecycling klappt's nicht so recht. Keine Frage: Es gibt Scheidungen, die sind richtig. Denn auch als Christen haben wir in der gefallenen Welt, in der wir leben, manchmal nur die Wahl zwischen einem kleineren und einem größeren Übel. Und in etlichen Fällen ist die Scheidung das kleinere Übel. So ist auch in der Bibel von Scheidung die Rede – als eine Art »Notordnung«, wo die eigentliche Intention nicht mehr zu erreichen ist.

Wissenschaftlich gesehen steht außer Zweifel, dass die Bedingungen für eine hohe Wahrscheinlichkeit einer gelingenden Ehe im Einhalten der Spielregeln liegen – also Ehrlichkeit, einschließlich des sexuellen Bereiches, Treue, Kompromiss- und Gesprächsfähigkeit, Durchhaltevermögen, Frustrationstoleranz, Konfliktfähigkeit.

Als Christ ist mir beim psychologischen Studium dieser Aspekte immer wieder der Gedanke gekommen: »Ist doch gar nicht neu, weiß ich schon aus der Bibel.« Wir sollten es also dabei lassen: Unter Christen ist üblich, dass man nicht einfach sagt: Lass mich in Ruhe, ich will dich nie wieder sehen, mit dir rede ich nicht mehr. Wir kommen sonst in Konflikt mit unserem Glauben und in den inneren Konflikt mit einem Herrn, der uns den Auftrag gibt, Konflikte zu bereinigen. Ich muss mich auch mit meinem Gegner auseinander setzen, ich kann zur Vergebung kommen. Das mag zwar manchmal nicht von heute auf morgen geschehen, aber mit Gottes Hilfe geschieht es. Immer wieder. Und so wie mit der Konfliktbewältigung in persönlichen Beziehungen sieht es auch in vielen anderen Bereichen aus.

> Lebensqualität hängt zum großen Teil davon ab, in wie weit wir im Einklang mit den Schöpfungsordnungen, mit anderen und uns selbst leben.

Lebensqualität hängt zum großen Teil davon ab, inwieweit wir im Einklang mit den Schöpfungsordnungen, mit anderen und uns selbst leben. Wirtschaftswissenschaftler beschreiben die Ehrlichkeit eines Unternehmens (intern gegenüber Mitarbeitern sowie extern gegenüber Kunden) als einen der wesentlichen Faktoren für langfristigen Erfolg. Psychotherapeuten zeigen Zusammenhänge zwischen seelischen Störungen und dem ständigen Streben nach Besitz auf (vgl. z.B. Erich Fromms Konzept von »Haben und Sein«). Die Bibel nennt das Habsucht und beschreibt sie als eine Wurzel aller bösen Ereignisse. Die moderne Medizin stellt fest, dass praktisch alle frühzeitigen Todesfälle in unserer Gesellschaft verhaltensbedingt sind und durch Stressverhalten (»Ungeduld«), übermäßiges Essen und Trinken (»Völlerei«), Disziplinlosigkeit (»Unzucht«) usw. verursacht werden. Klar, das klingt irgendwie »moralinsauer«, weil Begriffe wie »Sünde«, »Habsucht«, »Ungeduld«, Völlerei«, »Unzucht« usw. meistens mit einem erhobenen Zeigefinger verbunden werden. Aber stellen wir doch einmal fest: »Sünde« ist nichts anderes als all das, was uns von Gott entfremdet – und damit von der Natur (seiner Schöpfung), von anderen Menschen und nicht zuletzt von uns selber.

Zu einem gesunden Glauben gehört also die feste Überzeugung: Wenn ich mich göttlichen Ordnungen anvertraue, wird das Leben nicht weniger schön, sondern mit hoher Wahrscheinlichkeit reicher, besser und freudiger.

Zu einem krank machenden Glauben gehört dagegen eine oft von außen ganz ähnlich aussehende innere Einstellung, nämlich die Hoffnung, durch »Gutes-tun« Gott bei guter Laune zu halten. Das führt immer zum Krampf. Diese Art von Glaube ist »gesetzlich«: Wie durch das Einhalten des Gesetzes das ewige Leben verdient werden sollte, versuchen diese Leute durch regelkonformes Verhalten Gottes Gnade zu erwerben. Das ist aber ein Widerspruch in sich. Gnade kann man nicht verdienen, sonst ist es keine Gnade mehr, oder?

»Dienen« und »Hingabe« – diese sehr unmodernen Worte beschreiben, was in der modernen Psychologie »Sinnfindung« genannt wird. Wer einen Christus-zentrierten Glauben lebt, dreht sich nicht um sich selbst, sondern entwickelt einen Blick für andere. Gesunde Selbstverwirklichung beinhaltet, eigene Bedürfnisse wie die der anderen wahrzunehmen, d.h. geben und nehmen zu können.

Kapitel 10

Lebenssinn durch Dienen und Hingabe

Der Psychotherapeut Victor Frankl behauptet: Ein seelisch gesunder Mensch kann sich selber *transzendieren*. Was heißt das?

Ein Mensch, der seelisch gesund ist, hat die Fähigkeit, sich zeitweise selber zu verlieren, also von sich selber wegzukommen, sich selber nicht mehr als Mittelpunkt seines Denkens und Wünschens zu haben, sondern ungeteilt für andere dazusein. Wer das nicht kann, ist egozentrisch und wird psychisch krank. (Wer das aber immer tun *muss*, also dadurch nie für sich selber zur Verfügung steht, ist natürlich auch nicht gesund.) Viele Suchtstörungen, Depressionen, Ängste und Beziehungsstörungen sind »noogen«: d.h. durch ein Vakuum an Sinn verursacht. Sinn ist aber immer durch ein größeres, außerhalb der eigenen Person liegendes Ziel bestimmt. Wer sich um sich selber dreht, verpasst deshalb das Eigentliche, nämlich Ziele zu verfolgen, die es wert sind. So beschreibt Victor Frankl das »Streben nach Glück« als einen der großen Irrwege unserer Gesellschaft, denn Glück ergibt sich von alleine, durch das Streben nach Sinn. Sinn findet man aber nicht durch das Streben nach Glück.

Frankl schlachtet damit eine heilige Kuh unserer Gesellschaft. Wir glauben nämlich, dass das Glück zu finden sei. Mindestens zu kaufen. Und wenn uns das erreichte »Glück« dann komischerweise nicht glücklich macht, brauchen wir eben mehr davon. Davon lebt unsere gesamte, auf ewiges Wachstum angelegte Wirtschaft: mehr, mehr, mehr ... bis dass die Grenzen des Wachstums erreicht werden und alles zusammenzubrechen droht. Dieser Zusammenbruch findet im persönlichen Leben dann meistens in Form einer Depression statt; wie er global aussehen könnte, steht jeden Tag in der Zeitung – Klimakatastrophen durch Umweltzerstörung, Kriege, Hunger, Kriminalität ... (Manchmal bin ich wirklich froh, als Christ sicher sein zu können, dass Gott selbst die Zukunft des Universums in seiner Hand hat; siehe Kapitel 13.)

Die Alternative zur »Sucht nach mehr« heißt: Erfüllung durch echte Werte. Und da hat die Gemeinde Jesu allerhand zu bieten.

Die Alternative zur »Sucht nach mehr« heißt: Erfüllung durch echte Werte. Und da hat die Gemeinde Jesu allerhand zu bieten.

Man kann in einer Gemeinde aus den eigenen Stärken schenken und für die eigenen Schwächen nehmen. Beides ist sinnvoll, wenn dabei das gemeinsame Ganze im Vordergrund steht.

Man kann sich künstlerisch betätigen. Im Chor mitsingen. Man kann eine Bibelarbeit halten und damit anderen und sich selbst neue Wahrnehmungsmöglichkeiten eröffnen. Man kann eine Bibelarbeit hören und sich sogar insgeheim besonders über die Punkte freuen, die man selber besser gemacht hätte. Man kann Alte besuchen und bekommt so ganz nebenbei einen Blick für die eigene Lebensspanne mit ihrer Begrenztheit. Man kann Kinder lieb gewinnen und so ganz nebenbei das eigene Kind neu entdecken. Man kann Vorträge und Seminare besuchen und auf neue Gedanken kommen. Man kann einen Schein ins Körbchen für die Kindernothilfe legen und irgendwie bekommt die Stunde der eigenen Arbeit, die da in Form eines Fünfzigmarkscheins in ein Waisenhaus in Uganda wandert, einen neuen und tieferen Sinn. Man kann Weihnachten im Hauptbahnhof feiern und erleben, dass »Stille Nacht, heilige Nacht« kein stilles Lächeln auf den heiligen Gesichtern übersättigter Verwandter bewirkt, sondern echte Tränen bei Menschen, die schon lange keine Stille mehr erlebt haben und sich schon gar nicht als Heilige fühlen. Man kann im Gottesdienst der Predigt zuhören oder verträumt eigenen Gedanken nachgehen – und dabei entdecken, dass da wie dort Gott mit einem redet. Man kann der jungen Mutter von drei kleinen Kindern bei der Bügelwäsche helfen und so ganz nebenbei eine Freundin gewinnen. Oder beim Umzug der neu zugezogenen Familie kistentragend schwitzen und dabei die Glaubenseinsichten im Gespräch entwickeln, die sich manche Pfarrer als Ergebnis ihrer Predigten wünschten. Man kann mit 15 Hausaufgabenhilfe für Jugendliche aus sozialen Brennpunkten anbieten und mit 80 beim Seniorentanz das Bein schwingen. Man kann ..., man kann ...

... und gewinnt selber dabei – wenn man es tut. Dennoch haben offensichtlich manche Christen ein Bedürfnis, sich als weltoffen und überlegen zu zeigen, indem sie die Gemeinde schlecht machen. Manche haben auch wirklich schwierige Erfahrungen gemacht und sind ehrlich enttäuscht, vielleicht sogar verbittert. Ich gebe ja zu, dass wir manchmal ein ziemlich komischer Haufen sind, aber ich passe da ganz gut rein. Sie wahrscheinlich auch.

Dass eine gelebte Gemeinschaft, in der man sich gegenseitig hilft und unterstützt, das Leben ungeheuer bereichern kann, ist wohl keine Frage. Und für die meisten Christen tut sie das auch in einem erheblichen Maße. Denn das Glück ist eben wirklich nur als Nebeneffekt zu haben und kommt auf leisen Sohlen ins Leben geschlichen, wo es gar nicht erwartet wurde. Und dass es oft erstaunlich gut funktioniert, hat etwas damit zu tun, dass ein hohes Maß an Dienstbereitschaft und Hingabe in vielen Gemeinden einfach eine Regel ist. Natürlich gibt es auch überzogenen Dienst und zwanghafte Hingabe.

Aber wenn manche besonders aufgeklärte Christen jeden anderen, der nicht bedingungslos egoistisch seine Prioritäten setzt, eines »Helfersyndroms« bezichtigen, sind sie glücklicherweise die Ausnahme. Denn wer wirklich dienen kann, kann sich selbst vergessen – und findet sich dabei eigenartigerweise. (Hier gilt es zu unterscheiden, ob man nicht seiner eigenen Zwanghaftigkeit oder dem eigenen Bedürfnis, geliebt zu werden, dient. Da handelt es sich dann wirklich um ein Helfersyndrom. Das zeigt sich in der Regel darin, dass man nicht den sensibel wahrgenommenen Bedürfnissen der anderen dient, sondern immer Gutes tun und lieb sein *muss*, ob der andere will oder nicht und egal, ob der das braucht. Außerdem können Leute mit Helfersyndrom in der Regel sich selbst nichts Gutes gönnen.)

Natürlich ist die christliche Gemeinde nicht idealer als irgendeine andere menschliche Gruppierung. Aber sie hat Ideale. Und wenn man nach denen lebt, ist das sogar recht gesund.

Wer Christus nachfolgt, tut das nicht alleine, sondern innerhalb einer großen weltweiten Familie. Hier gilt zwar, was auch für andere Familien gilt, nämlich: dass man sie sich im Gegensatz zu Freunden nicht aussuchen kann – aber gerade darin liegen große Möglichkeiten: christliche Gemeinschaft als Geborgenheits- und Frustrationsrahmen für ganzheitliche Persönlichkeitsentwicklung.

Kapitel 11

Christsein heißt: in Gemeinschaft leben

Was braucht der Mensch, um sich seelisch zu entwickeln und eine reife Persönlichkeit zu entfalten? Welche Bedingungen müssen vorhanden sein, damit wir nicht als Original geboren werden und als Kopie sterben?

Eine lange Liste von Bedürfnissen fällt einem da ein: Wir brauchen Geborgenheit, Liebe, bedingungslose positive Wertschätzung, bio-ökologisch gesundes Holzspielzeug, gute Schulen, liebevolle Zuwendung, gute Vorbilder zur Orientierung, Klebestift, Papier und Schere, medizinische Versorgung, gesunde Ernährung, genügend Schlaf und Bewegung. Die Liste ließe sich beliebig fortsetzen.

Aber diese Liste darf nicht nur so fortgesetzt werden, dass es die guten und schönen Dinge sind, die uns in der Entwicklung fördern. Viele Menschen tun das heute. Sie sind »infiziert« mit einer inzwischen längst widerlegten Freud'schen Idee: dass der Mensch in sich den immerwährend ruhelosen Trieb zur Entwicklung habe, der durch nichts weiter motiviert werden müsse, und dass Hindernisse und Frustrationen nur die Entwicklung bremsen würden. Bereits der Freud-Schüler Adler hat festgestellt, dass der Mensch wohl doch nicht so ausschließlich von seinen Trieben motiviert ist, sondern mindestens ebenso von seinen Zielen. Und dass er sich gerade da mit besonders viel Energie weiterentwickelt, wo er an Grenzen stößt und seine Ziele nicht erreicht. Adler sieht das Minderwertigkeitserleben als ein zentrales Motiv der Entwicklung an: Wer sich nie minderwertig fühlt, bleibt unreif. Mit anderen Worten: Wenn wir rundherum mit uns selber zufrieden sind, bleiben wir so, wie wir sind und entwickeln uns nicht weiter. Das Zufriedensein dauert dann nicht mehr lange an, denn mit der Entwicklungsverzögerung kommt wieder neue Minderwertigkeit, die uns zu ihrer Überwindung antreibt.

> Wenn wir rundherum mit uns selber zufrieden sind, bleiben wir so, wie wir sind und entwickeln uns nicht weiter.

Die oben begonnene Liste der notwendigen Bedingungen lässt sich also auch *so* weiterführen: Wir brauchen Grenzen, die wir respektieren müssen – egal, ob uns das passt; wir sollten unsere Eltern irgendwann einmal echt doof finden; wir brauchen die Erfahrung, dass der Computer abstürzt; wir brauchen schwierige und komplizierte Menschen in unserer Umgebung; wir brauchen heimlich geweinte Tränen über verschmähte Liebe; wir brauchen Schulkameraden, die uns auslachen; wir brauchen Ehepartner, die uns kritisieren usw.

Und wenn wir davon ausgehen, dass Persönlichkeitsentwicklung niemals aufhört, brauchen wir das Spannungsfeld von möglichst guten Ressourcen und möglichst hilfreichen Frustrationen bis an das Ende unseres Lebens.

Dabei kann die Gemeinde auf beiden Seiten wirklich hilfreiche Dienste tun. Denn getreu der alten Einsicht, dass man sich Freunde aussuchen kann, Familie jedoch nicht, sei hier einmal betont: Gemeinde ist Familie – wir sind miteinander Kinder Gottes und daher Geschwister in Christus. Und wir werden vom Heiligen Geist nicht um Erlaubnis gefragt, wen er sonst noch so alles in »unseren Stall« holt.

Natürlich kann man das Schlimmste vermeiden, indem man sich in seiner frommen Burg verschanzt, sich außerhalb derselben eigenartig verhält (d.h. weltfremd und damit abstoßend) und dafür sorgt, dass jede Gruppe ganz unter sich bleibt! Aber selbst hier gibt es Reibung – und (vielleicht hat Gott doch Humor) es kommen sogar in diesen Gruppierungen Menschen neu zum Glauben an Jesus Christus und stören das Ganze!

So oder anders kommt es, dass wir selbst dann, wenn wir uns nach besten Kräften dagegen wehren, von Gott in die Schule genommen werden. Nicht nur im Einzelunterricht, sondern auch in der Klasse. Echt klasse. Denn: Ohne Reibung gibt es keine Reifung (siehe Sprüche 27,17). Gott hat ja etwas mit uns vor: Er möchte uns auf ein Leben in seiner Ewigkeit vorbereiten. Und da es dort keinen Streit mehr geben soll, brauchen wir ihn hier wahrscheinlich umso mehr.

Gemeinden sind also so etwas wie ein Familienersatz: der Geborgenheits- und Frustrationsrahmen für lebenslange Persönlichkeitsentwicklung. Die Frustration kommt von alleine. An den Ressourcen müssen wir manchmal noch etwas feilen. Aber sie sind vorhanden und helfen beim Gesundbleiben.

Wir finden in den Gemeinden ein umfassendes soziales Netzwerk. Das ist heute vielleicht umso wichtiger, als die Mobilität unserer Gesellschaft enorm zunimmt. Während vor 100 Jahren fast hundert Prozent aller Menschen an dem Ort starben, an dem sie geboren wurden, leben wir heute in einer Welt, in der wir unsere Umwelt mitsamt den Beziehungen wechseln müssen wie die Kleidung. Damit fällt ein soziales System weg, welches sicher auch seine guten Seiten hatte: die Dorfgemeinschaft, die erweiterte Familie mit Onkel und Tanten, die Vertrautheit und Überschaubarkeit des eigenen Beziehungssystems über Generationen hinweg.

> **Gemeinden sind also so etwas wie ein Familienersatz: der Geborgenheits- und Frustrationsrahmen für lebenslange Persönlichkeitsentwicklung.**

Besonders übel betroffen von dieser Veränderung sind junge Familien mit kleinen Kindern. Unter einem gewissen Alter brauchen Kinder bekanntlich 7 Tage in der Woche 24 Stunden Bereitschaftsdienst von Seiten eines Elternteils – fast immer übernimmt das die Mutter. (Statistiken zeigen, dass selbst in Familien, in denen beide außer Haus arbeiten, die Frau den Haushalt auch heute praktisch alleine macht.) Und die Erwartungen an die eigenen pädagogischen Fähigkeiten und die Qualität der Erziehung sind hoch. Dadurch kommen viele junge Eltern in einen Teufelskreis: Ohne Hilfe von anderen, meinen sie, müssten sie alles richtig machen. In solcher Weise bemüht, fühlen sie sich selber ständig den erzieherischen Puls – und stellen entsetzt fest, dass ihnen die süßen Kleinen gar nicht selten furchtbar auf die Nerven gehen. Darüber bekommen sie Schuldgefühle (anstatt das für ganz normal zu halten) und bemühen sich noch mehr, 1-A-Eltern zu sein. Dafür, dass er oder sie rund um die Uhr Dienst schiebt, ist aber kein Mensch gebaut. Also gehen die Kids mit ihren Bedürfnissen auf den Wecker. Man hält den Stress und das Gequengel der Kinder schließlich einfach nicht mehr lässig, locker und fröhlich aus. Und das hat nichts damit zu tun, dass man die Kinder nicht genügend liebt oder dass glückliche Kinder nicht quengeln sollten. Diese Zeit ist für viele die schlimmste ihres Lebens. Die eheliche Befriedigung ist auf dem statistischen Tiefpunkt (die gute Nachricht heißt also: Von nun ab wird's meistens wieder besser!), Erschöpfungsdepressionen sind sehr häufig, und oft liegen in einer schlechten Bewältigung dieser Stressphase die Wurzeln einer drei bis vier Jahre später stattfindenden Scheidung.

Hier kann die Gemeinde als soziales System eine ungeheuer positive Kraft sein und die Großfamilie ersetzen. Jedes Paar braucht nämlich Zeit zu zweit und daher auch Familienmitglieder, Freunde oder Nachbarn, bei denen man auch nicht perfekte Kinder ohne schlechtes Gewissen eine Weile »parken« kann. Bei denen man sich sicher ist, dass die Kinder gut versorgt sind, und denen man vertraut, so dass man nicht die ganze Zeit besorgt darüber nachdenkt, wie es wohl den Kleinen geht.

Wenn ich die Geschichte vom zwölfjährigen Jesus im Tempel lese (Lukas 2,41–52), fällt mir auf, dass für Maria und Josef die Erziehung Jesu wohl eine Aufgabe war, aber keine Aufgabe ohne Pausen.

Da sie jedes Jahr nach Jerusalem gingen, aber Jesus zum ersten Mal dabei war, schließe ich daraus, dass die Eltern Jesu jedes Jahr »eine Woche allein zu zweit« gemacht haben und – vielleicht wegen dieser guten Angewohnheit – auch bei diesem Passahfest die Sorge um ihr Kind weitgehend an die Gemeinde delegiert haben: »Er wird mit den anderen schon vorgegangen sein.« Was uns hier ein wenig zu unbekümmert erscheinen mag, ist in Wirklichkeit ein Geheimnis im richtigen Umgang mit Kindern. Wenn wir zulassen, dass Kinder unser ganzes Leben ausnahmslos erfüllen, wenn wir uns ganz für sie aufopfern, können wir irgendwann nicht mehr für sie da sein, weil es uns nicht mehr gut geht. Hier sehe ich eine Ursache für viel Not, gerade bei jungen Eltern, die niemanden haben, an den sie Erziehungsaufgaben zeitweise delegieren können. Das ist daher meines Erachtens eine der wichtigsten Aufgaben der Gemeinde heute: Als Ersatz für die Großfamilie muss sie ein soziales Netzwerk bilden, das Eltern auch Freiräume gibt, ihre Ehe zu pflegen, gemeinsam geistliche Gemeinschaft zu haben und selber ihr eigenes Kindsein – ihr Gotteskindsein – zu leben. Verblüffend finde ich die Selbstverständlichkeit, mit der die Eltern Jesus in der Menge der Gemeinde vermuten. Erst nach drei Tagen fällt ihnen auf, dass er nicht in der Nähe ist. Stellen Sie sich einmal das Gespräch vor: »Sag mal, Josef, hast du Jesus heute schon mal gesehen? – Gestern? – Was, auch nicht? Und vorgestern? Da zuletzt? – Na ja, es wird sich schon jemand um ihn kümmern ...«

Wenn wir uns fragen: Was macht unsere Gemeinde kinder- und jugendfreundlich?, dann lautet die Antwort vielleicht: Es ist die Tatsache, dass Kinder und Jugendliche eben ganz selbstverständlich zu dieser Gemeinde gehören. Dass sie dort ihren Platz haben, dass sie in unseren Gottesdiensten vorkommen, dass sie nicht als Störfaktor erlebt und behandelt werden, sondern integrierter Teil der Gemeinde sind.

Aber auch in anderen Lebensphasen ist die Gemeinschaft kein Luxus. Die psychologische Notwendigkeit von guten Beziehungen ist hinreichend bewiesen. Und über die Bedeutung der christlichen Gemeinschaft für die spirituelle Gesundheit lässt die Bibel keinen Zweifel: Wo immer Gottes Geist Menschen zur Umkehr trieb, entstanden Gemeinden. Das gemeinsame Singen und Beten, Gottesdienste, Predigt, Anteilnahme am Leben anderer – dieses alles hat ja neben der sozialen auch eine geistliche Seite. Gott findet es einfach gut, wenn Christen zusammenkommen und sich einig werden. Und daher segnet er die Gemeinschaft seiner Kinder.

Es ist paradox: Während in der Praxis der christlichen Seelsorge die Bedeutung des Beichtgespräches immer mehr abnimmt (in vielen Gemeinschaften kommt es gar nicht vor), entdecken weltliche Psychotherapeuten die Bedeutung des Verzeihens. Glaube leben heißt: aus der Vergebung leben – und vergeben lernen.

Kapitel 12

Schuld und Vergebung – Klärung in der Beziehung zu Gott und zum Nächsten

Wer schon mal tagsüber Fernsehen geguckt hat, kennt die Talkshow der verschiedenen Ausprägungen. Was ist der Reiz dieser Sendungen, die ja zum Teil recht hohe Einschaltquoten erreichen? So dumm kann der durchschnittliche Zuschauer doch gar nicht sein, dass er sich hier verstanden fühlt, oder? Welche Bedürfnisse werden denn dann durch solche Shows befriedigt?

Zuschauer erleben beim Zuschauen offensichtlich das, was sie sich in ihrem Leben selber sehnlichst wünschen, aber nie zu tun trauen. Zum Beispiel so richtig streiten, dass die Fetzen fliegen, vor laufenden Kameras einen anderen bloßstellen, Verletzungen zufügen, triumphieren und siegen. Dass es dabei auch immer einen Verlierer geben muss, ist eine mehr oder weniger unangenehme Nebenwirkung. Dass die bloßgestellten Menschen damit häufig nicht mehr klarkommen, und dass es nach diesen Fernsehshows etliche Suizide gegeben hat und auch Tötungsdelikte – das gehört dazu. Wo gehobelt wird, da fallen Späne. Was den Zuschauer dann fasziniert, sind wohl die eigenen, nur gebremst ausgelebten Aggressionen und Hassgefühle.

Aber das ist bloß eine Seite. Denn zu den Rennern der Branche gehören auch die Versöhnungsspektakel. »Ich bekenne ...« – und nun wird die Schmutzwäsche der Vergangenheit reichlich mit Tränen eingeweicht, Stück für Stück einzeln vorgeführt (mit Werbepausen für die Suchtmittel der Normalbevölkerung – Alkohol, Süßigkeiten und andere depressionslindernde Produkte) und dann für alle sichtbar auf eine Leine gehängt.

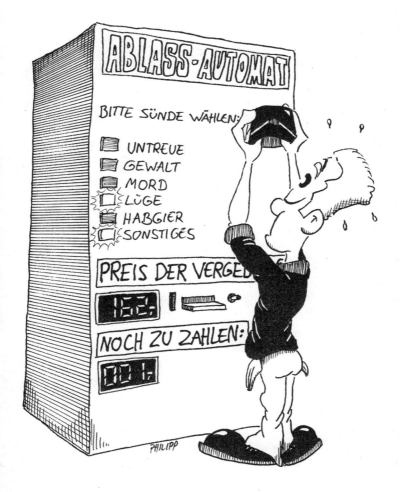

Wenn es auch leider viele Christen gibt, die die Beichte für mega-out halten – diese Shows sind für mich der Beweis, dass in unserer Gesellschaft die Sehnsucht nach Entlastung von Schuld enorm groß ist. Dass nicht nur Rache, sondern auch Versöhnung zum unerfüllten Lebenstraum vieler Menschen geworden ist, deren Alltag von Beziehungskrach und Unfriede geprägt wird. Und so entwickeln sich die TV-Anstalten zu den modernen religiösen Tempeln, in denen Menschen gesagt wird, was gut und was böse ist, in denen hart verurteilt wird und in denen Buße getan und die Absolution erteilt wird.

Auch in der psychotherapeutischen Praxis spielt Versöhnung, Schlichten, Verzeihen und Zuspruch der Vergebung eine zunehmende Rolle. In den letzten Jahren ist eine ganze Anzahl wissenschaftlicher Studien erschienen, die belegen, dass es für die ganzheitliche Gesundheit und den Erhalt von guten Beziehungen wichtig ist, Schuld einzugestehen, Verantwortung zu übernehmen und von der *Entschuldigung* zur *Verzeihung* zu kommen – d.h. also auf Ausreden zu verzichten. Die Psychotherapeuten, die Schuld ausschließlich für ein von Gesellschaft und Kirche suggeriertes Phänomen halten, das dem Klienten ausgeredet werden muss, sind (glücklicherweise) vom Aussterben bedroht.

In der biblischen Sicht ist Schuld vor anderen Menschen immer auch Schuld vor Gott. Mit der Klärung der Schuld vor Gott – also dem Bekenntnis von Schuld und der damit verbundenen Neuorientierung (in der Sprache der Übersetzer: »Buße«) – ist Vergebung von Gottes Seite zugesagt: »Wenn wir unsere Sünden bekennen, so ist er treu und gerecht, dass er uns die Sünden erlässt und uns von jeglicher Ungerechtigkeit reinigt« (1. Johannes 1,9). Nach einer solchen Lebensbeichte – ich bekenne Gott mein Sündersein und vertraue mich ihm an – ist also *jegliche* Schuld vergeben. Dafür gibt es in der Bibel starke Worte: Der Mensch ist nun der Sünde gestorben (Römer 6,10), die Schuld ist in die tiefste Tiefe des Meeres versenkt (Micha 7,19). Die Bibel nennt diesen Vorgang auch Wiedergeburt.

Die Vorstellung, Gott führe im Himmel so eine Art überdimensionaler Strichliste, auf der immer nur die Sünden ausgewischt würden, die Stück für Stück gebeichtet wurden, ist also ein klarer Widerspruch zum Evangelium, nach dem der Mensch, der sich Gott anvertraut, zu einem *Kind Gottes* geworden ist. Solche »Beichtomat-Vergebungs-Vorstellungen« führen auch nicht in die Freiheit, sondern in die ständige Angst, man könnte etwas vergessen haben. (Das ist sicherlich auch der Fall, aber glücklicherweise nicht wichtig.) Manche fürchten, sie könnten kurz nach Ausübung einer Sünde ohne Buße sterben und dann Gottes Gericht ausgesetzt sein. Alles Unsinn – die Bibel kennt diese Opferrituale nicht. Es gibt und gab nur ein bedeutendes Opfer in der Geschichte des Universums: das Opfer, bei dem Gott selbst elend gestorben ist, an einem Kreuz.

Welche Rolle spielt dann die wiederholte und regelmäßige Beichte, wenn doch sowieso alles vergeben ist? In der Bibel heißt es nicht: Bekennt einander eure Schuld, damit ihr immer in der Vergebung bleibt, sondern »damit ihr gesund werdet« (Jakobus 5,16). Das Bekennen von Schuld und der Zuspruch der Vergebung geschehen also nicht mehr, *damit* die Schuld vergeben wird, sondern *weil* sie vergeben ist. Und daher ist dieser Zuspruch eine Vergewisserung: Ja, auch mit meinen Schwächen und mit meiner Schuld bin ich bei Gott geborgen. Beichte ist daher auch keine Pflichtübung, die man um Gottes willen tut, sondern eine Oase, die Gott uns anbietet, um Lasten loszulassen und uns vom Lastentragen zu erholen – »... damit ihr gesund werdet.«

> Das Bekennen von Schuld und der Zuspruch der Vergebung geschehen also nicht mehr, *damit* die Schuld vergeben wird, sondern *weil* sie vergeben ist. Beichte ist daher auch keine Pflichtübung, die man um Gottes willen tut, sondern eine Oase, die Gott uns anbietet, um Lasten loszulassen und uns vom Lastentragen zu erholen.

Wenn die Beichte eine Pflichtübung geworden ist, mit der man

»die Tafel sauber wischt«, ohne aber von der Sünde wirklich lassen zu wollen, ist sie sinnlos. So eine »Beichte« wird zum Ersatz für Veränderung und geistliches Wachstum, anstelle dieses zu fördern. Denn es geht um Beziehungsklärung. Daher ist es wichtig, nicht nur eine Liste von bösen Taten herunterzubeten, sondern sich vor Gott zu prüfen: Was ist die Grundhaltung, die unsere Beziehung stört und immer wieder zur Sünde führt? So kann eine Lüge z.B. ihre Wurzeln in der Angst haben, das Ansehen zu verlieren – und das hat natürlich auch etwas damit zu tun, ob ich mich bei Gott angesehen weiß oder nicht.

Mit der Klärung der Beziehung zu Gott ist noch nicht automatisch die Beziehung zu anderen Menschen geklärt – aber der Auftrag dazu besteht. Und jeder weiß, dass es ganz schön viel Überwindung kostet, zu jemand anderem zu sagen: »Ich bitte dich um Verzeihung – es gibt keine Entschuldigung, ich habe mich an dir schuldig gemacht und möchte dich bitten, dass du mir vergibst.« Ein »war ja nicht so gemeint«, ein kurzes und unverbindliches »sorry« oder ein etwas beleidigtes »tut mir ja Leid« sind da schon einfacher. Die sind zwar besser als gar nichts, aber die Antwort ist wahrscheinlich auch eher unverbindlich – »ist schon okay, vergiss es«. Dagegen tut die Antwort »Ich habe es dir verziehen. Ist ein für alle mal erledigt!« richtig wohl.

Auch ohne die Bitte um Verzeihung ist es gut für den Geschädigten, wenn er oder sie dem Täter verzeihen kann. Dabei ist allerdings wichtig, dass ein vorschnelles Harmonisieren, das der Konfliktvermeidung dient, keine echte Vergebung bedeutet. Vergebung steht am Ende der Wut, nicht an ihrer Stelle.

Manche Christen praktizieren die Beichte regelmäßig, aber sie praktizieren nicht die Bitte um Verzeihung beim Nächsten. So wird die Beichte zum Ersatz für Beziehungsklärung mit anderen Menschen, die man verletzt hat. Ich bin sicher, das ist nicht im Sinne des Erfinders – und habe in der Seelsorge der Bitte nach einem Beichtgespräch manches Mal erst dann stattgegeben, wenn zuerst eine Aussprache zwischen den Betroffenen stattgefunden hatte.

Wer Beichte, die Bitte um Vergebung und die Zusage der Vergebung, kennt, weiß, dass es unendlich befreiend ist, dies zu erfahren. Nichts an diesem Vorgang muss an die kriecherische Demutsgeste erinnern, mit der ein unterlegenes Tier dem stärkeren seine Unterlegenheit zeigt. Im Gegenteil: Ich darf mit meinen Schwachheiten leben, mich sogar »ihrer rühmen« (so Paulus in 2. Korinther 11,30). Beichte und Bekenntnis sind der Ausstieg aus einer Haltung, die fromme Leistung für Gott bringen will. Der Auftrag der Beichte lautet: Werde, was du bereits bist: ein Kind Gottes. Und nicht: Streng dich an, versuche etwas zu werden, was du sein solltest.

Der Glaube an das ewige Leben, an eine zukünftige Welt, gibt eine Sicht, die das Leid in eine andere Perspektive rückt. Wenn das letzte Wort über meinem Leben bereits vor 2000 Jahren am Kreuz Christi gesprochen wurde – und es »ja« heißt –, sind alle anderen Fragen nur noch »vorletzte« Fragen. Das macht das Leid nicht geringer, aber leichter zu ertragen.

Kapitel 13

Die Hoffnung auf den Himmel – nicht nur für Kinder

Im Himmel gibt's kein Bier. Im Himmel sitzen Engel auf Wolken herum und spielen Harfe. Im Himmel ist alles aus Edelsteinen und die Straßen sind aus Gold. Im Himmel muss man die ganze Zeit lieb sein und lobsingen. »Gute Mädchen kommen in den Himmel, böse überall hin« ... Vorstellungen vom Himmel sind oft auch bei Christen nicht viel besser als die genannten!

Ich kann mich gut erinnern: Als Kind war mir der Himmel eigentlich eher unsympathisch und bekam seine Attraktivität nur als Kontrastprogramm zur Hölle, wo es noch deutlich schlimmer zuging. Meiner Vorstellung nach fand dort ein ewiger Gottesdienst statt – mit stillsitzen und allem, was dazugehörte. Langweilig. Also fragte ich meine Mutter, ob ich mein rotes Feuerwehrauto wohl mit in den Himmel nehmen dürfte. Ihre Antwort war klug: »Ich weiß nicht, wie es dort ist, aber ich glaube, es gibt da jede Menge Spielsachen.«

Von da an wollte ich schon etwas lieber in den Himmel. Ein paar Jahre später war ich zum ersten Mal richtig verknallt – und war mir sicher, dass SIE im Himmel meine Freundin würde. Inzwischen sind einige Jahre vergangen und ich weiß nicht mal mehr mit Sicherheit, wie SIE mit Familiennamen hieß.

Als erwachsener Christ legt man solche kindlichen Vorstellungen ab, oder etwa doch nicht? Man kann es sich sowieso nicht vorstellen, also lassen wir's. Und eh man sich versieht, ist aus der kindlichen Vorstellung vom Himmel eine theologische Überzeugung geworden, ein theoretisches Konstrukt mit dem Charme einer mathematischen Formel. Oder nicht einmal so viel, wenn unsere Vorstellung vom Himmel mehr oder weniger von Karl Valentin inspiriert ist. Ich kenne eine ganze Anzahl Christen, die legen sich so ein süffisantes Grinsen ins Gesicht, wenn ich vom Himmel spreche – was ich so interpretiere: Wie lieb, so ein naiver netter Kerl. Ist ja reizend! Dass es so was noch gibt ...

Was meint die Bibel denn, wenn sie uns den Himmel in Bildern beschreibt? Wenn Jesus von den Wohnungen redet, die er dort für uns vorbereitet? Wenn im himmlischen Jerusalem die Straßen aus Gold sind und die Tore aus Perlen? Wenn Löwe und Bär mit der Kuh auf die Weide gehen und ein Knabe mit einer Giftschlange spielen kann?

Was mich persönlich betrifft: Goldstraßen und Edelsteinhäuser reizen mich nicht besonders. Aber darum geht es auch nicht. Denn es sind Bilder – und sie bedeuten: Es gibt kein Leid mehr, es gibt keinen Mangel, alles ist gut, alles Bedrohliche ist verschwunden. Die gesamte Natur einschließlich des Menschen ist mit Gott und sich selbst in Frieden. Schalom ohne Ende. Gemeinschaft mit Gott.

Soweit das theoretische Konstrukt. Um Hoffnung zu haben, braucht man aber mehr als eine theologische Wahrscheinlichkeitsrechnung. Ich rechne damit, dass Gottes neue Welt real ist. Wirklich. Hoffnung ist immer mit Gefühl verbunden. Und Gefühle brauchen Bilder. Nicht als korrekte Beschreibung einer unsichtbaren Wirklichkeit – die wird sowieso ganz anders –, sondern als ein Zugang zur Freude auf das, was sein wird.

Also: Stellen Sie sich einmal vor: Jesus baut Ihnen eine Wohnung. Da steht Ihr Name außen an der Klingel. Wie sieht die innen aus? In welcher Landschaft liegt sie? Was tun die Menschen? Wie leben Sie? Können Sie sich vorstellen, wie Jesus mit Ihnen bei einem Viertel trockener Spätlese zusammen ist? Wenn Sie es sich nicht vorstellen können: ER tut es! (Vgl. Matthäus 26,29.)

Ich weiß nicht, ob es im Himmel Berufe und Arbeit geben wird – meinen Beruf, Psychotherapeut, gibt es sicherlich nicht. (Also geh ich angeln oder mache Musik oder so etwas). Was tun Sie gerne? Wie? Mit wem?

Jesus sagt seinen Jüngern zum Abschied: »In der Welt habt ihr Angst; aber seid getrost, ich habe die Welt überwunden« (Johannes 16,33). Der erste Teil des Satzes stimmt – wir haben Angst.

Wie können wir den zweiten Teil ernst nehmen und auf eine von Christus befreite, neue Welt hoffen?

Zum Beispiel, indem wir das Kind in uns neu entdecken und mit diesen Bildern spielen. Das lohnt sich, denn eine lebendige Zukunftshoffnung hat ihre Auswirkungen auf mein Umgehen mit der Welt.

Die Angst bleibt, aber die Perspektive auf Leid und Sorgen wird eine andere. Es wird anders gewichtet, was mir hier Sorgen macht.

Denn mit Blick auf eine Ewigkeit in der Gemeinschaft mit Gott wird manches erträglich, was unerträglich wäre, wenn es alles wäre.

Warum können Christen dem Ende ihres Lebens gelassener entgegensehen?

Christen erleben Leid. Sie erleben Verzweiflung. Sie haben quälende Fragen. Sie sind nicht bewahrter vor Gefahren, vor Krankheiten, vor Bösem in dieser Welt als andere Menschen. Aber sie wissen: Das Beste kommt noch.

LITERATURHINWEISE

Dieterich, Michael, *Wir brauchen Entspannung*, Gießen 1988

Dieterich, Michael, *Wenn der Glaube krank macht*, Wuppertal 1991

Giesekus, Ulrich, *Familien-Leben*, Wuppertal 1994

Giesekus, Ulrich, *Wenn Sucht das Leben blockiert*, Wuppertal 1999

Giesekus, Ulrich, »Systemische Ansätze in Kirchen und Gemeinde«, in: Dieterich, Michael (Hrsg.), *Der Mensch in der Gemeinschaft*, Stuttgart 1997

Willi, Jürg, *Was hält Paare zusammen?*, Reinbek 1991

Ulrich Giesekus

Bevor es kracht…

Kids gegen Gewalt stark machen

ca. 120 Seiten, Paperback, 13,5 x 20,5 cm
Bestell-Nr. 226.279

… ist ein Buch für Eltern, Pädagogen, Jugendleiter und alle andren, die nicht mehr hilflos zusehen wollen, wie immer mehr Jugendliche Opfer von Gewalt oder selbst zu Tätern werden.

Die erfahrenen Autoren liefern mitten aus der Praxis der Jugendarbeit und wissenschaftlich fundiert das Handwerkszeug für die Erziehung zum respektvollen Umgang miteinander. Sie gehen unter anderem den Fragen nach, wie es überhaupt zu Gewalt kommt, wie die Betroffenen mit Mobbing und Brutalität umgehen können und wie man als Erwachsener konstruktiv eingreifen kann. Das Buch bietet außerdem viele Ideen für Übungen und Spiele, die den Jugendlichen dabei helfen zu lernen, wie man cool bleibt, sich fair verhält und einander Respekt zeigt.

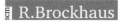

Ulrich Giesekus

Halt mich fest und lass mich los –
Kinder zwischen 12 und 16

Wie Sie Teenager begleiten können

Taschenbuch, 112 Seiten, Bestell-Nr. 220.656

»Teenager zu haben ist die letzte Chance im Leben, noch einmal die ungeschminkte Wahrheit über sich selbst zu hören«. Nicht alle Eltern sind von dieser Chance beglückt. Dabei kann das Leben mit Kindern zwischen 12 und 16 nicht nur aufregend und anstrengend, sondern voller Entdeckungen und gute Erfahrungen sein.

Wie Sie Ihren Teenager begleiten und dabei selbst weiterkommen können, zeigt dieses Buch.

R.Brockhaus